Niklas Knape

Factoring als alternative Finanzierungsform

Bedeutung und Eignung während der Finanzmarktkrise

Knape, Niklas: Factoring als alternative Finanzierungsform: Bedeutung und Eignung während der Finanzmarktkrise, Hamburg, Igel Verlag RWS 2014

Buch-ISBN: 978-3-95485-202-4
PDF-eBook-ISBN: 978-3-95485-702-9
Druck/Herstellung: Igel Verlag RWS, Hamburg, 2014

Bibliografische Information der Deutschen Nationalbibliothek:
Die Deutsche Nationalbibliothek verzeichnet diese Publikation in der Deutschen
Nationalbibliografie; detaillierte bibliografische Daten sind im Internet über
http://dnb.d-nb.de abrufbar.

© Igel Verlag RWS, Imprint der Diplomica Verlag GmbH
Hermannstal 119k, 22119 Hamburg
http://www.diplomica.de, Hamburg 2014
Printed in Germany

Inhaltsverzeichnis

Abbildungsverzeichnis

Tabellenverzeichnis

Abkürzungsverzeichnis

ABS	Asset Backed Securities
Abs.	Absatz
BaFin	Bundesanstalt für Finanzdienstleistungsaufsicht
Basel II	Baseler Akkord II
BDI	Bundesverband der deutschen Industrie e.V.
BGB	Bürgerliches Gesetzbuch
BGBl.	Bundesgesetzblatt
BIZ	Bank für Internationalen Zahlungsverkehr
BRD	Bundesrepublik Deutschland
BWA	Betriebswirtschaftliche Auswertung
bzw.	beziehungsweise
ca.	circa
d.h.	das heißt
e.V.	eingetragener Verein
ebd.	ebenda
EDV	Elektronische Datenverarbeitung
EK	Eigenkapital
EURIBOR	European Interbank Offered Rate
f.	folgende Seite
ff.	und folgende Seiten
FK	Fremdkapital
GewStG	Gewerbesteuergesetzbuch
ggf.	gegebenenfalls
GuV	Gewinn- und Verlustrechnung
HGB	Handelsgesetzbuch
i.V.m.	in Verbindung mit
IfM	Institut für Mittelstandsforschung Bonn
IKB	IKB Deutsche Industriebank
IT	Informationstechnologie
k.A.	keine Angabe
KfW	Kreditanstalt für Wiederaufbau
KMU	Kleine und mittlere Unternehmen
KWG	Kreditwesengesetz

LuL	Lieferung und Leistung
Mio.	Millionen
Mrd.	Milliarden
Nr.	Nummer
o.V.	ohne Verfasser
RGBl.	Reichsgesetzblatt
S.	Seite
sog.	sogenannte
Tsd.	Tausend
u.a.	unter anderem
Verb.	Verbindlichkeiten
vgl.	vergleiche
WKV	Warenkreditversicherung
z.B.	zum Beispiel

1 Einleitung

1.1 Problemstellung

Der deutsche Mittelstand ist in jüngster Zeit mit erheblichen Veränderungen konfrontiert worden. Die fortschreitende Umgestaltung der Kapitalmärkte durch neue Regelungen und die daraus resultierenden Folgen sind nicht zu übersehen. Erschwerend hinzugekommen ist die Finanzkrise, die sich zunehmend stärker auf die Realwirtschaft übertragen hat. Kleinere und mittlere Unternehmen (KMU) bekommen dies insbesondere durch eine restriktivere Geldpolitik der Kreditinstitute zu spüren: angeregt durch die neuen Anforderungen des Baseler Akkordes II, aber auch nun unverkennbar durch die Auswirkungen der Finanzkrise, die das Kreditvergabeverhalten der Banken erheblich beeinflusst haben. Das Vertrauen in den Wirtschaftskreislauf ist gesunken, Kreditlinien sind gekürzt und Unternehmen bonitätsmäßig abgestuft worden. Die Finanzierungsbedingungen für Unternehmen haben sich aufgrund dessen drastisch verschlechtert. In den Medien sind immer häufiger Schlagzeilen wie „Finanzkrise gefährdet den Mittelstand"[1] oder „Kreditklemme verschärft sich weiter"[2] zu lesen.

Neben den Kreditinstituten als direkte Auslöser sind vielfach die Abnehmer der mittelständischen Unternehmen von der Krise betroffen. Auch das lässt sich aktuell aus ökonomischer Fachpresse vermehrt aufgreifen: „Zahlungsmoral der Wirtschaft sinkt"[3] und „Zahlungsausfälle steigen drastisch an"[4], um nur zwei Beispiele zu nennen. Wie unschwer zu erkennen ist, spiegeln das schlechtere Zahlungsverhalten sowie die erhöhte Anzahl an Forderungsausfällen die Folgen für mittelständische Unternehmen wider.

Als Konsequenz dieser Entwicklungen rücken alternative Finanzierungsformen wieder stärker in den Fokus von Unternehmen. Einerseits, um an notwendige Liquidität zu gelangen oder diese aufrecht zu erhalten, um die Finanzkrise zu überstehen. Andererseits versucht man, mehr Unabhängigkeit von dem kurzfristigen Hausbankkredit zu erreichen. Die folgende Ausarbeitung des Themas „Factoring im Mittelstand – Instrument des Krisenmanagements im Zeichen der Finanz-

---

[1] Dierig, Carsten (2008).
[2] Ramthun, C./ Fischer, M./ Schnitzler, L. (2009).
[3] O.V. (2009a).
[4] O.V. (2009c), S. 16.

krise" wird in diesem Zusammenhang speziell auf das Finanzierungsinstrument Factoring eingehen. Dabei soll aufgezeigt werden, inwiefern Factoring als ein alternatives, ergänzendes Instrument zur Finanzierung für mittelständische Unternehmen angesehen werden kann. Dabei wird eine konkrete Darstellung der Wirkungsweise auf Liquidität und in diesem Zusammenhang auch Rentabilität vorgenommen. Aber auch die Anwendbarkeit und die weiteren Auswirkungen, die Factoring auf Unternehmen hat, werden erörtert, da es sich bei Factoring nicht nur um ein reines Kreditsubstitut handelt.

1.2 Gang der Untersuchung

Zunächst wird im Hauptteil dieser Ausarbeitung auf den Mittelstand in Deutschland eingegangen. Dabei steht zunächst die volkswirtschaftliche Position des Mittelstandes im Vordergrund. Es folgt eine Beschreibung der regulatorischen Veränderungen durch den Gesetzgeber, der Finanzierungsstruktur und abschließend der Auswirkungen der Finanzmarktkrise auf den Mittelstand. Im dritten Kapitel wird Factoring als Finanzierungsinstrument vorgestellt. Dabei werden die Grundlagen, die Funktionsweise sowie die Ausgestaltungsformen von Factoring geklärt. Im vierten Kapitel folgen dann die Anwendungsmöglichkeiten von Factoring bei mittelständischen Unternehmen. Zunächst geschieht dies in der Theorie, in der Voraussetzungen, Implementierung und Wirkung, aber auch Kosten und Probleme beleuchtet werden. Ergänzend folgt im Anschluss eine empirische Erhebung, eine Umfrage unter den Mitgliedern des größten deutschen Factoringverbandes. Am Ende des Kapitels werden die Forschungsergebnisse kritisch analysiert. Das fünfte und somit letzte Kapitel enthält ein zusammenfassendes Fazit, welches die Untersuchung abschließt.

2 Finanzmarktkrisenbedingte Auswirkungen auf den deutschen Mittelstand

2.1 Volkswirtschaftliche Bedeutung des Mittelstandes in der Gesamtwirtschaft

Für den deutschen Mittelstand gibt es keine allgemeingültige Definition und aufgrund der Heterogenität bezüglich Branche, Umsatz, Mitarbeiteranzahl oder Rechtsform auch unterschiedliche Abgrenzungen. In dieser Ausarbeitung wird Bezug genommen auf die Definitionen des Statistischen Bundesamtes sowie des Instituts für Mittelstandsforschung (IfM) Bonn. Dabei wird der Mittelstand durch die beiden quantitativen Merkmale Arbeitnehmeranzahl sowie Jahresumsatz charakterisiert. Der Mittelstand, auch als kleine und mittlere Unternehmen bekannt, umfasst nach dem Statistischen Bundesamt Unternehmen, in denen zwischen 10 und 249 Arbeitnehmer beschäftigt sind und die einen Jahresumsatz von 2 bis 50 Mio. Euro erwirtschaften.[5] Das Institut für Mittelstandsforschung fasst den Mittelstand in Deutschland etwas weitläufiger, da hier alle Unternehmen mit weniger als 500 Mitarbeitern und mit bis zu 50 Mio. Euro Jahresumsatz diesem Terminus zugehörig sind. Nach dieser letzten Eingrenzung gehören 99,7 Prozent aller Unternehmen in Deutschland dem Mittelstand an, beschäftigen dabei gut 70 Prozent aller Arbeitnehmer und stellen ca. 80 Prozent aller Ausbildungsplätze bereit.[6] Desweiteren erzielt der Mittelstand knapp 50 Prozent der gesamten Bruttowertschöpfung, zahlt mit ebenfalls 50 Prozent die Hälfte aller Unternehmenssteuern in Deutschland und erwirtschaftet mehr als ein Drittel der gesamten Umsätze.[7] Abbildung 1 stellt diese Angaben grafisch dar.

---

[5] Vgl. Statistisches Bundesamt Deutschland (2003).
[6] Vgl. IfM Bonn (2002).
[7] Vgl. IfM Bonn (2009); siehe auch: Linnemann, C. (2007), S. 7.

KMU Anteile in Deutschland 2008

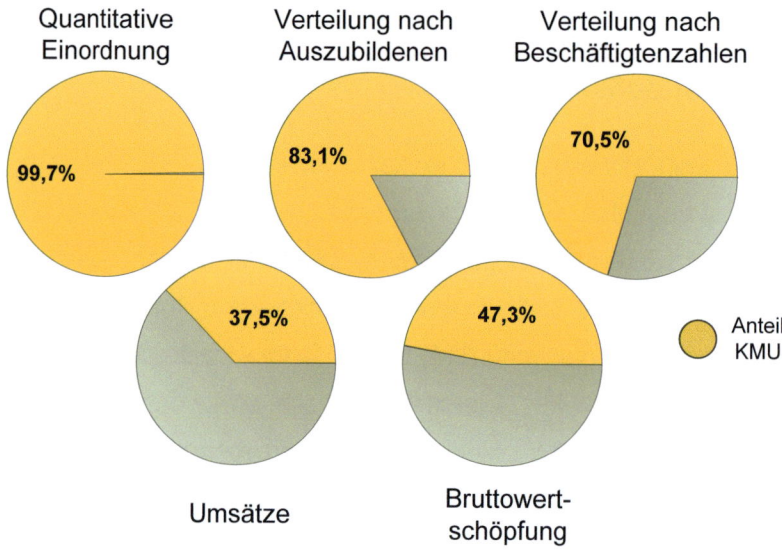

Abbildung 1: Bedeutung des Mittelstandes[8] **(ausgewählte Positionen)**

Neben diesem quantitativen Rahmen lässt sich in der Literatur auch eine qualitative Eingrenzung finden: Die überwiegende Mehrheit der mittelständischen Unternehmen wird von den Eigentümern geführt (daher auch oftmals die Verwendung des Begriffs „Familienunternehmen"). Es fallen Haftung, Verantwortung, Leitung und Eigentum oft auf eine oder mehrere Familien.[9] Der Eigentümer identifiziert sich mit dem Unternehmen und handelt mit erhöhtem Risiko. Dies stellt folglich einen Unterschied zu einem reinen managergeführten Unternehmen dar. Als weitere qualitative Merkmale sind die Disposition weniger Finanzierungsquellen, kleinere Einkaufsmengen, dafür aber persönliche Beziehungen zwischen Eigentümer und Mitarbeitern sowie ein stärkeres gesellschaftliches Engagement im regionalen Umfeld zu beobachten.[10] Der Mittelstand kann aufgrund der beschriebenen Fakten als „Rückgrat" der deutschen Wirtschaft bezeichnet werden und trägt daher eine sehr hohe volkswirtschaftliche Bedeutung in der Gesamtwirtschaft.

---

[8] Eigene Darstellung in Anlehnung an IfM Bonn (2009).
[9] Vgl. Linnemann, C. (2007), S. 4.
[10] Vgl. Rois, C. (2006), S. 20; siehe auch: Goeke, M. (2008), S. 12.

2.2 Finanzierungssituation des Mittelstandes

2.2.1 Einfluss des Baseler Akkordes II

Bevor auf die Finanzierungsstruktur des Mittelstandes eingegangen wird, scheint es zweckmäßig, die gesetzlichen Regelungen von Basel II darzustellen. Diese haben bedeutenden Einfluss auf die Kreditvergabepraxis der Banken und somit unmittelbar auch auf den Mittelstand.

Im Rahmen des Risikomanagements für Banken hat die Bank für Internationalen Zahlungsverkehr (BIZ) ein Regelwerk durch den Baseler Akkord II geschaffen, das Ende 2006 vollständig und verbindlich für alle Kreditinstitute in Deutschland in Kraft getreten ist.[11] Das Gesetz regelt u.a. die Eigenkapitalausstattung von Banken zur Hinterlegung von Krediten und stellt eine Erweiterung von Basel I aus dem Jahr 1988 dar, in der Banken dazu gezwungen werden, Kredite an Unternehmen mit einem einheitlichen Satz von 8 Prozent (sog. Solvabilitätskoeffizient) mit Eigenkapital zu hinterlegen.[12] Der hier relevante und wesentliche Unterschied ist die neuartige Erweiterung, dass sich Unternehmen beim Kreditvergabeprozess einem quantitativen (und qualitativen) Ratingsystem[13] unterziehen müssen. Hierbei wird ihre Kreditwürdigkeit (Bonität)[14] untersucht und dementsprechend ein Gewichtungsfaktor für den Zinssatz und anschließend die Kreditkonditionen festgelegt.

Das Rating setzt sich aus einer Prüfung bzw. Erhebung der wirtschaftlichen Rahmenbedingungen, der finanziellen Verhältnisse, der Managementkompetenz sowie den Geschäftschancen und -risiken zusammen.[15] Bei Unternehmen mit schlechterem Rating erhöht sich der Gewichtungsfaktor, steigt somit der Kreditzins für das Unternehmen und gleichzeitig auch die Eigenkapitalanforderung bei der Bank, mit der sie den Kredit absichern muss. Das Ziel des Gesetzgebers ist es, mehr Transparenz und Stabilität zu schaffen, eine intensivere Auseinandersetzung mit dem möglichen Ausfallrisiko des Schuldners zu erreichen und schließlich auch dafür zu sorgen, dass bonitätsstarke Unternehmen nicht mehr die Risiken für bonitätsschwache Unternehmen mittragen müssen.[16]

---

[11] Vgl. Bundesbank (2009).
[12] Vgl. Smidrkal, R. (2005), S. 16.
[13] Vgl. Everling, O. (2002), S. 91.
[14] Vgl. Wöhe, G./ Döring, U. (2008), S. 668.
[15] Vgl. Vitzthum, S. (2008), S. 58.
[16] Vgl. Müller, S. et al. (2006), S. 4f; siehe auch: Vitzthum, S. (2008), S. 50f.

2.2.2 Finanzierungsstruktur des Mittelstandes

Aus klassischer Betrachtungsweise stellt sich bei der Frage der Unternehmensfinanzierung die Wahl zwischen Eigen- oder Fremdfinanzierung. Diese beiden Möglichkeiten können jeweils noch weiter in Innenfinanzierung (intern) oder Außenfinanzierung (extern) unterteilt werden. Dabei sind insbesondere erwirtschaftete Gewinne (intern) oder als Pendant dazu, wenn die Mittel aus der Innenfinanzierung nicht ausreichen, Kredite (extern), von hoher Bedeutung.[17] Die Unterscheidung ist insofern von Bedeutung, da je nach Art und Weise der Bereitstellung des Kapitals jeweils Unterschiede bezüglich den Rechten der Kapitalgeber, der Dauer der Kapitalüberlassung, der Gewinn- und Verlustbeteiligung sowie der Kapitalkosten zu tragen kommen.[18]

Die Kosten für Fremdkapital (FK) haben in der Regel einen geringeren Kapitalkostensatz gegenüber den Finanzierungskosten für Eigenkapital (EK) und werden daher bevorzugt. Dies ist damit zu erklären, dass die EK-Rendite der Kapitalgeber wächst, sofern die Rendite der Investitionen die FK-Zinsen übersteigt.[19] Diese Hebelwirkung nennt man „Leverage-Effekt".[20] Ein hoher Verschuldungsgrad kann neben der Perspektive der Kapitalgeber aber auch aus Unternehmenssicht wünschenswert sein. Denn „financial leverage", also die Steigerung des Gewinns durch einen optimalen Verschuldungsgrad, ist aufgrund der steuerlichen Abzugsfähigkeit der Kreditzinsen (tax shield) in der Theorie erheblich günstiger für Unternehmen.[21] Durch die Unternehmenssteuerreform von 2008 wurde allerdings eine Netto-Zinsschranke von zunächst einer Million Euro eingeführt.[22] Diese wurde Mitte 2009 auf nun drei Millionen Euro erhöht.[23]

Demgegenüber stehen allerdings das erhöhte Risiko und die in der Realität auftretenden Sicherheitsvorschriften der Banken sowie die Gegebenheiten des deutschen Finanzsystems: So stellt die Eigenkapitalquote eine der wichtigsten Kennzahlen im Unternehmen dar und für Kreditinstitute ist ein solider Grad an EK (in Relation zur Bilanzsumme) aufgrund der persönlichen Haftung als Sicherheit unabdingbar, ergo ist die Kreditwürdigkeit besser je höher das EK ist.[24] In Wachs-

---

[17] Vgl. Werner, H. (2006), S. 23f.
[18] Vgl. Bieg, H./ Kußmaul, H. (2009), S. 123.
[19] Vgl. Wöhe, G./ Döring, U. (2008), S. 661f.
[20] Vgl. Reichling, P./ Beinert, C./ Henne, A. (2005), S. 110f.
[21] Vgl. Brealey, R./ Myers, S./ Allen, F. (2008), S. 472-489; siehe auch: Stark, J. (2002), S. 37; siehe auch: Wöhe, G./ Döring, U. (2008), S. 665f.
[22] Vgl. Weiser, C. (2008), S. 13.
[23] Vgl. o.V. (2009b).
[24] Vgl. Wöhe, G./ Döring, U. (2008), S. 590.

tums- und Investitionsphasen gilt vorhandenes EK als Erfolgsfaktor und in Krisenzeiten ist es wiederum ein kostbarer Risikopuffer.[25]

Trotzdem weisen mittelständische Unternehmen eine sehr niedrige EK-Quote auf, die sich im Durchschnitt auf ca. 14 Prozent (2007) beläuft. Bei Unternehmen mit einem Jahresumsatz von weniger als einer Million Euro liegt der Durchschnitt sogar nur bei ca. 7 Prozent.[26] Eine niedrige EK-Quote bedeutet im Umkehrschluss eine hohe Fremdkapitalquote, wobei Kontokorrentkredite oder Betriebsmittelkredite die Bilanz von mittelständischen Unternehmen dominieren. Daher sind Unternehmen enorm von dem Kreditvergabeverhalten ihrer Hausbank abhängig.[27] Da Kontokorrentkreditlinien zum Ausgleich von unerwarteten Liquiditätsengpässen notwendig sind,[28] stellen diese für die Unternehmen ein existenznotwendiges Kriterium dar. Besonders wenn Investitionen getätigt oder Betriebsmittel refinanziert werden, wird die Abhängigkeit vom Kreditvergabeverhalten der Banken deutlich. Bis zuletzt hat sich dies, durch enge und vertrauensvolle Beziehungen mit der eigenen Hausbank, jedoch als problemlos dargestellt.

Allerdings hat sich die Bedeutung des traditionellen Finanzierungsrückgrates Bankkredit durch die oben erläuterten Baseler Beschlüsse geändert.[29] Die Folge ist, dass Unternehmen die Auswirkungen von den neuen Regelungen zu spüren bekommen und sich einer objektiven Beurteilung unterziehen müssen. Aufgrund ihrer Rechtsform und Größe bleibt den meisten mittelständischen Unternehmen ein Zugang zum Kapitalmarkt verwehrt, sie können daher kein zusätzliches EK durch den Verkauf von Anteilsrechten generieren.[30]

2.2.3 Finanzierungsschwierigkeiten im Zuge der Finanzkrise

Aufgrund der oben genannten Tatsachen, der Umsetzung der Baseler Beschlüsse zum Jahresende 2006 sowie den überwiegend schwachen Finanzstrukturen mittelständischer Unternehmen, kamen Finanz- und dann Wirtschaftskrise zu einem besonders ungünstigen Zeitpunkt. Selbst Kreditinstitute bekamen Probleme bei der Refinanzierung,[31] besonders öffentlichkeitswirksam durch den Zerfall von

---

[25] Vgl. Werner, H. (2006), S. 34.
[26] Vgl. Deutscher Sparkassen- und Giroverband e.V. (2009), S. 40f.
[27] Vgl. Wolf, B. (2003), S. 5f.
[28] Vgl. Wöhe, G./ Döring, U. (2008), S. 609.
[29] Vgl. Broda, B. (2003), S. 467f.
[30] Vgl. Bieg, H./ Kußmaul, H. (2009), S. 68.
[31] Vgl. Kleimaier, N. (2009), S. 12.

Lehman Brothers und weiteren amerikanischen Banken zu verfolgen.[32] In Deutschland kam eine existenzbedrohende Krise bei der IKB Deutsche Industriebank sowie der Zerfall der Hypo Real Estate hinzu.[33] Die logische Konsequenz war, dass nun auch der Geldhahn für viele deutsche Unternehmen zunehmend enger gedreht wurde. Auf der einen Seite wollen Kreditinstitute nicht noch weitere Risikopositionen in ihr Portfolio aufnehmen und auf der anderen Seite auch ihr eigenes Eigenkapital schonen, da sie die Kredite folglich mit 8 Prozent EK hinterlegen müssen.[34]

Dieses Verhalten der Banken hat zur Folge, dass zunächst nur Kreditnehmer mit hervorragender Bonität bedient werden. Bei allen weiteren Kreditnehmern wird eine viel umfassendere Prüfung stattfinden und der Kreditzins signifikant erhöht. Außerdem werden mehr Sicherheiten gefordert, die Kreditlinien gekürzt oder im ungünstigsten Fall das Kreditgesuch sogar vollständig abgewiesen.[35] Die Risiken für den Mittelstand, der aufgrund seiner chronischen Unterkapitalisierung in hohem Maße auf Fremdkapital angewiesen ist, sind eindeutig: Liquiditätsengpässe, im Endstadium Zahlungsunfähigkeit und Insolvenz.[36] Dieser Prozess wird durch eine zunehmend schlechtere Zahlungsmoral der Abnehmer weiter dramatisiert und beschleunigt. Weltweit ist die Zahl von Forderungsausfällen im Jahr 2008 um 47 Prozent, in Deutschland um 25 Prozent gestiegen,[37] was zur Folge hat, dass Außenstände drastisch ansteigen und mehr und mehr „totes" Kapital angehäuft wird. Da die Forderungen, durch eingeräumte Zahlungsziele, den größten Teil des Umlaufvermögens darstellen, ist jegliche weitere Bindung von Liquidität mit einer Erhöhung der Kapitalkosten eines Unternehmens verbunden.[38] Einen detaillierteren Aufschluss über Forderungsausfälle ergibt sich aus Tabelle 1.

Eine Studie von Creditreform (2008) belegt die aufgeführten Überlegungen mit konkreten Zahlen aus der Praxis: Demnach plant knapp ein Viertel der mittelständischen Unternehmen eine Aufnahme von Fremdkapital, für knapp ein Drittel aller befragten Unternehmen ist es bereits seit Herbst 2007 schwieriger, an Kredite zu gelangen. Besonders kritisch ist dies bei Unternehmen mit weniger als zehn Mitarbeitern zu beobachten, da hier sogar knapp 40 Prozent Schwierigkeiten haben,

---

[32] Vgl. Lieven, P. (2009), S. 221; siehe auch: Glebe, D. (2008), S. 128.
[33] Vgl. Glebe, D. (2008), S. 119f.
[34] Vgl. Oehler, A./ Kohlert, D./ Linn, A. (2009), S. 382.
[35] Vgl. Broda, B. (2003), S. 468; siehe auch: Terliesner, S. (2009) S. 19.
[36] Vgl. o.V. (2008), S. 29.
[37] Vgl. o.V. (2009c), S. 16.
[38] Vgl. Euler Hermes Kreditversicherungs-AG (2009a), S. 7.

sich Liquidität zu beschaffen. Ähnliche Werte werden von der Kreditanstalt für Wieder-
aufbau (KfW) in einer Unternehmensbefragung ausgewiesen, die bei über 35 Prozent
der Unternehmen einen erschwerten Kreditzugang als Ergebnis präsentiert. Zum
Vorjahr bedeutet dies eine Zunahme von 6 Prozent. Auffällig ist ebenfalls, dass knapp
50 Prozent von den Unternehmen, die erschwerten Kreditzugang vermelden, Probleme haben, überhaupt einen Kredit (zu angemessenen Konditionen) zu erhalten.[39] Als
Gründe werden hauptsächlich das Verlangen von höheren Sicherheiten, intensivere
Prüfungen seitens der Bank und hohe Kreditzinsen genannt.[40] Ebenso zeigt sich in der
Studie nochmals die besorgniserregende EK-Quote von unter 10 Prozent bei knapp
einem Drittel der befragten Unternehmen.[41]

In einer weiteren Veröffentlichung von Creditreform (2009) hat sich im Vergleich
zum Vorjahr die Situation bereits weiter verschlechtert, die EK-Quote ist erneut um
wenige Prozentpunkte gesunken.[42] Bedrohlich wirkt ebenso die hohe Anzahl an
Insolvenzen in der ersten Jahreshälfte 2009, die mit 16.650 einen Anstieg von etwa
14% zum Vorjahreszeitraum beträgt.[43] Nachfolgend eine Tabelle zur Veränderung
relevanter Kennzahlen (ausgewählter Positionen).

EK-Quote zur Bilanzsumme	Jahr 2008	Jahr 2009	Veränderung in %
bis 10 % (bedrohlich)	31,9%	33,1%	+3,8%
bis 20 % (bedenklich)	25,0%	26,4%	+5,6%
Insolvenzen (absolut)			
1. Halbjahr	14.570	16.650	+14,3%
Gesamt	29.500	35.000*	+18,6%
Forderungsverluste vom Umsatz			
bis 0,1 %	36,3%	30,2%	-16,8%
bis 0,5 %	20,6%	19,9%	-3,4%
bis 1,0 %	14,8%	15,2%	+2,7%
über 1,0 %	9,5%	12,9%	+35,8%
Zahlungsmoral der Abnehmer			
Zufriedenstellende Zahlungsmoral	44,4%	37,8%	-14,9%
Zahlungseingänge bis 30 Tage	74,3%	70,9%	-4,6%
Finanzierungsschwierigkeiten			
Erschwernisse beim Kreditzugang	29,0%	35,0%	+20,7%

*Prognose

Tabelle 1: Veränderungen im Zuge der Finanzkrise[44]

---

[39] Vgl. KfW (2009), S. 4f; siehe auch: BDI-Mittelstandspanel (2009), S.21.
[40] Vgl. Simmert, D. (2009), S. 7.
[41] Vgl. Creditreform (2008), S. 42f.
[42] Vgl. Creditreform (2009b), S. 20f.
[43] Vgl. Goedeckemeyer, K. (2009), S. 32; siehe auch: Creditreform (2009b), S. 24.
[44] Eigene Darstellung der Daten aus Creditreform (2009b), S. 20-24; i.V.m. KfW (2009), S.4.

Da ein hoher EK-Anteil, wie erläutert, maßgeblich zur Bonitätseinstufung und zum Rating beiträgt, und somit auch die Kreditkonditionen elementar beeinflusst, kann die momentane Entwicklung aus Unternehmensperspektive nur negativ beurteilt werden. Besonders, wenn bedacht wird, dass viele Experten erwarten, dass sich die Zugangsbedingungen für Kredite weiter verschlechtern werden.[45] Für mittelständische Unternehmen, deren Situation sich in den vergangenen zwei Jahren deutlich verschärft hat, stellt sich angesichts dessen nun verstärkt die Frage, welche alternativen Finanzierungsmöglichkeiten sich ihnen neben dem klassischen Bankkredit bieten. Vor diesem Hintergrund kommt Factoring in Betracht, da es dem Unternehmen Liquidität und obendrein einen hohen Grad an Unabhängigkeit verschafft: Unabhängigkeit von dem Kreditvergabeverhalten der Hausbank und Unabhängigkeit gegenüber dem Zahlungsverhalten seiner Abnehmer.[46] Andere Finanzierungsalternativen werden nachfolgend nicht betrachtet und sind daher nicht Gegenstand dieser Untersuchung.

---

[45] Vgl. KfW (2009), S. 22.
[46] Vgl. Torner, K. (2009), S. 18.

3 Factoring als Instrument des Krisenmanagements

3.1 Grundlagen und Funktionsweise von Factoring

3.1.1 Begriffsbestimmung

Unter dem Finanzierungsbegriff Factoring versteht man den fortlaufenden Ankauf von kurzfristigen Geldforderungen aus Warenlieferungen und Dienstleistungen durch ein Factoringunternehmen gegen gewerbliche Mehrfachabnehmer seines Factoringkunden.[47] Das Factoringunternehmen (Factor) verpflichtet sich auf Grundlage eines abgeschlossenen Rahmenvertrages seinem Forderungsverkäufer (Factoringkunde) die laufenden Forderungen aus Lieferungen und Leistungen gegen seine Abnehmer (Debitoren) abzukaufen. Factoring kann damit der Innenfinanzierung zugeordnet werden, da es sich um eine Vermögensumschichtung, genauer gesagt um eine Kapitalfreisetzung durch die Veräußerung von Forderungen an den Factor, handelt.[48] Der Ankauf von Einzelforderungen wird ausgeschlossen. Hierdurch grenzt sich Factoring schon von anderen, einzelgeschäftsbezogenen Finanzierungsalternativen wie z.B. der Forfaitierung sowie den Asset-Backed-Securities ab.[49]

Factoring hat aus betriebswirtschaftlicher Sichtweise drei verschiedene Elemente: Finanzierungsfunktion, Dienstleistungsfunktion sowie Delkrederefunktion (Schutz bei Zahlungsunfähigkeit des Debitors).[50] Das reguläre Standardverfahren eines Factoringgeschäfts deckt alle drei Funktionen ab und wird daher auch als Full-Service-Factoring bezeichnet. In der Praxis gibt es allerdings weitere Varianten und Vertragsformen, die in Kapitel 3.2 ausführlich vorgestellt werden. Die nachfolgende Abbildung 2 stellt das klassische Grundmodell einer Factoringfinanzierung und die Interaktionen zwischen den drei involvierten Beteiligten grafisch dar.

---

[47] Vgl. Bette, K. (2001), S. 46; siehe auch: Fischl, B. (2006), S. 20.
[48] Vgl. Bieg, H./ Kußmaul, H. (2009), S. 30.
[49] Vgl. Hermann, J. (2006), S. 37.
[50] Vgl. Bieg, H./ Kußmaul, H. (2009), S. 406; siehe auch: Wöhe, G./ Döring, U. (2008), S. 613.

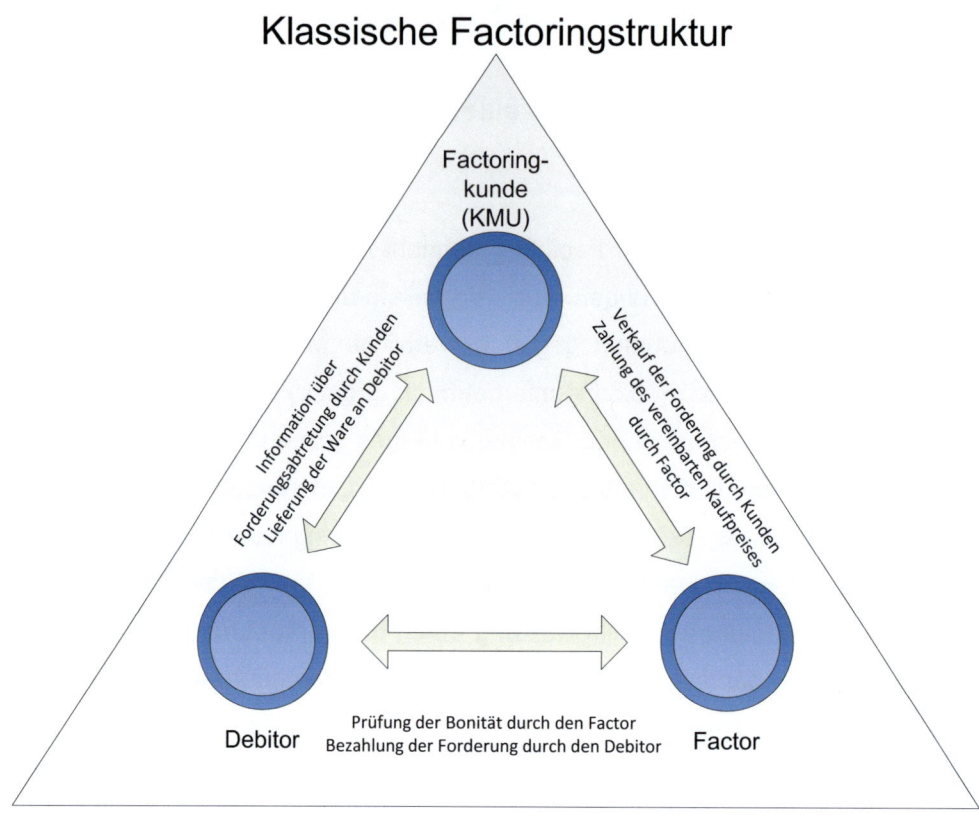

Abbildung 2: Grundstruktur einer Factoringfinanzierung [51]

3.1.2 Rechtliche Rahmenbedingungen

Aus zivilrechtlicher Sicht ist die Einordnung von Factoring in das Bürgerliche Gesetzbuch (BGB) für Unternehmen in der Bundesrepublik Deutschland (BRD) von Bedeutung. Die Bestimmungen der internationalen Ottawa-Konvention wurden von der BRD 1998 ratifiziert und in nationales Recht integriert. Sie haben besondere Bedeutung für das Factoring im grenzüberschreitenden Wirtschaftsverkehr.[52] Der Konvention zufolge wird von einem Factoringgeschäft gesprochen, wenn mindestens zwei der folgenden Voraussetzungen vorliegen: Finanzierungsfunktion, Delkrederefunktion, Übernahme des Debitorenmanagements (Teil der Dienstleistungsfunktion) oder Durchführung von Beitreibung und Inkasso der Forderungen

---

[51] Eigene Darstellung in Anlehnung an den Bundesverband Factoring für den Mittelstand (2010).
[52] Vgl. Bette, K. (2001), S. 48.

(Teil der Dienstleistungsfunktion).[53] Weiterhin setzt die Ottawa-Konvention gewerbliche Abnehmer und eine Offenlegung der Abtretung an die Debitoren voraus.[54]

Bis 2001 stellte der Factoringvertrag nach deutschem Recht einen Kaufvertrag gemäß §§ 433ff. BGB sowie einen Forderungskauf gemäß § 437 BGB dar, und war somit im Schuldrecht des BGB geregelt.[55] Durch den Wegfall von § 437 BGB hat sich die Haftungsfrage verändert und der individuellen vertraglichen Gestaltung zwischen Factor und Factoringkunde kommt umfangreiche Bedeutung zu.[56] Die Eckpunkte eines Factoringvertrages bestehen aus dem Forderungskauf, der Übertragung der Forderungen auf den Factor, der Regelung über die Haftung, bei Zahlungsunfähigkeit eines Debitors und dem Vermerk über die auf eine vereinbarte Dauer angelegte Geschäftsverbindung.[57] Bei der Behandlung von Factoring können durch die Variationsmöglichkeiten des Factoringvertrages verschiedene Szenarien eintreten. Besonders erwähnenswert erscheint, dass es zivilrechtliche Unterscheidungen zwischen „echtem" Factoring und „unechtem" Factoring gibt.

Beim „echten" Factoring sind mindestens Finanzierungs- und Delkrederefunktion Vertragsbestandteil, beim „unechten" Factoring dagegen wird die Delkrederefunktion nicht im Factoringgeschäft mit eingeschlossen. So handelt es sich beim „echten" Factoring um einen Kaufvertrag gemäß §§ 433ff. BGB. Kaufgegenstand sind die Forderungen des Factoringkunden gegen seine Abnehmer (Debitoren). Um den Forderungsverkauf zu erfüllen, ist eine Abtretung der Forderungen seitens des Unternehmens (Kunde) gemäß § 398 BGB an den Käufer (Factor) notwendig. Somit hat der Factor die Forderungen erworben und kann nun an Stelle des alten Gläubigers treten, sie geltend machen, muss aber auch das Forderungsausfallrisiko tragen.[58]

Beim „unechten" Factoring hingegen verbleibt das Ausfallrisiko von Forderungen beim Factoringkunden. Daher stellt nach Ansicht des Bundesgerichtshofs das „unechte" Factoring ein Darlehen, also ein reines Kreditgeschäft, dar.[59] Problematisch und sittenwidrig kann die Abtretung werden, wenn z.B. Lieferanten einen verlängerten Eigentumsvorbehalt gegenüber dem Factoringkunden geltend

---

[53] Vgl. Bette, K. (2001), S. 49.
[54] Vgl. ebd.
[55] Vgl. Bette, K. (2001), S. 46.
[56] Vgl. Bette, K. (2006), S. 52.
[57] Vgl. Schwarz, W. (2002), S. 75.
[58] Vgl. Bette, K. (2006), S. 53.
[59] Vgl. BaFin (2009).

machen.[60] Da somit „unechtes" Factoring für den Factor mit erheblichen rechtlichen Risiken verbunden ist und ihm daher auch in der Praxis keine sonderlich große Bedeutung zukommt, soll eine weitere Auseinandersetzung mit dieser Problematik nicht Inhalt dieser Untersuchung sein.[61] Im gesamten Verlauf dieser Untersuchung werden alle Analysen und Aussagen, falls dies nicht anderweitig gekennzeichnet wird, zum „echten" Factoring getroffen.

3.1.3 Ablauf

Wie bereits oben ersichtlich geworden ist, besteht ein Factoringgeschäft aus drei verschiedenen Beteiligten: dem Forderungskäufer (Factor), dem Forderungsver-käufer (Kunde) und den Abnehmern (Debitoren oder auch Drittschuldnern). Der Ablauf lässt sich in zwei Phasen, die Vorbereitungsphase sowie die Implementie-rungsphase, einteilen.

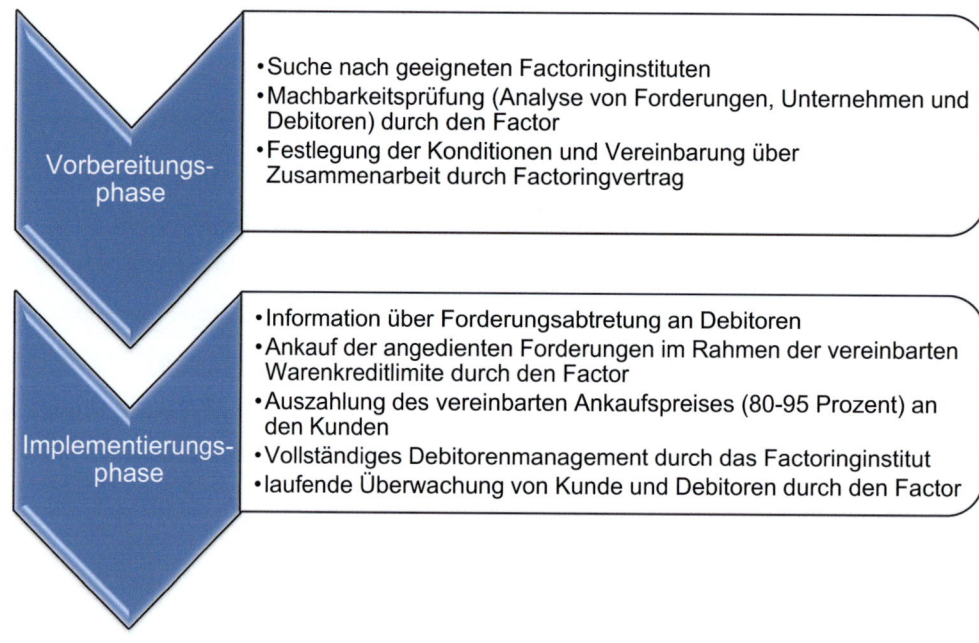

Abbildung 3: Ablauf einer Factoringfinanzierung[62]

Nachdem das Unternehmen ein geeignetes Factoringinstitut gefunden hat, folgt in der Vorbereitungsphase eine Machbarkeitsprüfung, in der Forderungen sowie

---

[60] Vgl. Bette, K. (2001), S.112f; siehe auch: Schwarz, W. (2002), S. 39f.
[61] Vgl. Bette, K. (2001), S. 50f; siehe auch: Hermann, J. (2006), S. 23.
[62] Eigene Darstellung.

Bonität von Unternehmen und Debitoren seitens des Factors analysiert werden.[63] Der Factor vergibt Warenkreditlimite, bis zu deren Höhe er zukünftig Forderungen ankauft. Der Kunde verpflichtet sich, dem Factor alle seine Forderungen aus Warenlieferungen und Dienstleistungen gegen seine Debitoren zum Kauf anzubieten. Der Factor verpflichtet sich im Gegenzug, dem Kunden alle Forderungen abzukaufen, sofern die Forderungen sich im Rahmen des zuvor festgelegten Warenkreditlimits je Debitor befinden.[64] In Ausnahmefällen können im Factoringvertrag auch Auswahlgruppen (z.B. Branchen oder Regionen) definiert werden, die vom Factoring ausgeklammert werden sollen.[65] Im Rahmen dieses Prozesses schließen Factor und Unternehmen einen auf Dauer angelegten Factoringvertrag, in dem die genauen Konditionen festgelegt werden.[66] Der Kunde informiert nach Abschluss des Vertrages seine Abnehmer über die Zusammenarbeit mit dem Factor und zeigt ihnen die Abtretung an (z.B. durch Abtretungsvermerk auf den Rechnungen), so dass eine schuldbefreiende Zahlung nur an den Factor möglich ist.[67]

Wenn der Kunde die Waren an die Debitoren abgeliefert und die Rechnung erstellt hat, so schickt er diese, in der Regel auf elektronischem Wege, zum Factor. Dieser überprüft das derzeitige Warenkreditlimit des Debitors und zahlt bei positivem Ergebnis, d.h. bei einem nicht ausgeschöpften Warenkreditlimit, den vereinbarten Kaufpreis der Rechnung, zumeist zwischen 80 und 95 Prozent, an den Kunden innerhalb von zwei Tagen aus.[68] Wird ein Warenkreditlimit überschritten, so wird die Forderung auf eine Warteposition gesetzt und erst nach Zahlung des Debitors an den Kunden angekauft und ausbezahlt, wenn wieder genügend Warenkreditlimit frei ist. Den übrigen Betrag behält der Factor für eventuell anfallende Reklamationen seitens des Debitors, anfallende Skonti oder als Sicherheitseinbehalt auf einem separaten Sperrkonto zurück. Dieser Einbehalt abzüglich Gebühren und Zinsen wird nach Zahlung des Debitors oder bei Eintreten des Delkrederefalls an den Kunden ausgezahlt.[69] Zusätzlich übernimmt der Factor als neuer Eigentümer der Forderung das Debitorenmanagement, folglich Buchhaltung, Mahnwesen und

---

[63] Vgl. Schwarz, W. (2002), S. 76.
[64] Vgl. Bette, K. (2001), S. 59.
[65] Vgl. Mayer, H. (1997), S. 106.
[66] Vgl. Reichling, P./ Beinert, C./ Henne, A. (2005), S. 196.
[67] Vgl. Bette, K. (2001), S .89; siehe auch: Schwarz, W. (2002), S. 76f.
[68] Vgl. Bieg, H./ Kußmaul, H. (2009), S.407.
[69] Vgl. Bette, K. (2001), S. 61f; siehe auch: Werner, H. (2006), S. 204.

Inkasso. Der hier dargestellte Ablauf spiegelt das Standardverfahren (Full-Service-Factoring oder auch Non-Recourse Factoring) wider.[70]

3.1.4 Betriebswirtschaftliche Funktionen

Wie bereits erwähnt, übernimmt der Factor für das Unternehmen im Standardverfahren drei betriebswirtschaftliche Funktionen: Finanzierung, Service sowie Delkredere.

Da der Factor den Kaufpreis der Forderung, unabhängig von dem mit den Abnehmern vereinbarten Zahlungszielen, sofort zahlt, dient die Finanzierungsfunktion der Liquiditätsbeschaffung. Auf der einen Seite kann der Kunde durch die sofortige Begleichung seiner Außenstände den Liquiditätsrückfluss exakt planen. Andererseits kann er nun selbst die zusätzlichen Mittel frei verwenden.[71] Damit können z.B. kurzfristige Bank- und Lieferantenverbindlichkeiten getilgt werden, da sich hier gewöhnlich viel Einsparpotenzial bietet. Darüber hinaus kann er selber Skonti ausnutzen und als Barzahler auftreten. Zusätzlich ist diese Art der Finanzierung umsatzkongruent,[72] d.h. die Liquiditätsströme sind abhängig vom Umsatz des Unternehmens und nicht starr wie ein Kredit. Dies gibt dem Kunden ebenfalls weitere Freiheiten bezüglich einer Expansion. Aber auch ein Umsatzeinbruch kann so ohne hohe Fixkosten, wie z.B. Kreditzinsen, abgefangen werden.[73]

Als zweiter Punkt ist die Delkrederefunktion zu nennen. Diese Funktion hat neben der Finanzierungsfunktion ebenfalls einen besonders hohen Stellenwert für die meisten Kunden, da sich Forderungsausfälle zu 100 Prozent absichern lassen, sofern sie sich im Rahmen von angekauften Forderungen befinden.[74] Da der Kunde einen Überblick über das aktuelle Limit hat, das je Debitor vergeben wurde, kann das Unternehmen entscheiden, ob es mit dem Debitor weitere Geschäfte macht und dann ggf. Ausfallrisiken selbst trägt.[75] Nachdem eine festgelegte Frist verstrichen ist, wird der zunächst einbehaltene Restbetrag der Forderung abzüglich der Gebühren und Zinsen an den Kunden überwiesen. Die Kosten für eine gerichtliche Eintreibung trägt der Forderungseigentümer und damit der Factor.[76] Am

---

[70] Vgl. Hermann, J. (2006), S. 23.
[71] Vgl. Mayer, H. (2007), S. 16.
[72] Vgl. Hermann, J. (2006), S. 22.
[73] Vgl. Bette, K. (2001), S. 71f; siehe auch: Schwarz, W. (2002), S. 27.
[74] Vgl. Bette, K. (2001), S. 72.
[75] Vgl. Bette, K. (2001), S. 60.
[76] Vgl. Schwarz, W. (2002), S. 30; siehe auch: Müller, S. et al. (2006), S. 257.

Rande erwähnenswert ist hierbei der Unterschied zu einer Warenkreditversicherung (WKV), die auf den ersten Blick eine ähnliche Funktion hat. Allerdings muss das Unternehmen bei einer abgeschlossenen WKV den Forderungsausfall nachweisen können, meist einen Anteil des Ausfalls sowie ggf. die Kosten zum Ausfallsnachweis selbst tragen. Der Selbstbehalt des Unternehmens beträgt bei einem Ausfall meistens ein Viertel der Forderungssumme.[77]

Als dritte Funktion steht dem Kunden die Service- oder Dienstleistungsfunktion zur Verfügung. Wie dargestellt, übernimmt der Factor das gesamte Debitorenmanagement des Unternehmens.[78] Insgesamt entsteht eine spürbare finanzielle Entlastung des Kunden.[79] Auch Sachkosten, wie Portogebühren, werden eingespart. Außerdem wird auch die Forderungslaufzeit aufgrund der Professionalität des Factors verkürzt.[80] Zusätzlich damit verbunden ist eine laufende Bonitätsprüfung der Debitoren durch den Factor, was für viele Unternehmen ohnehin viel zu aufwendig und kostspielig wäre. Diese Bonitätsinformationen stellen für das Unternehmen daher eine wertvolle Zusatzleistung dar. Es kann somit aufgrund der objektiven Beurteilung entscheiden, ob es zukünftig noch Geschäfte mit bonitätsschwachen Abnehmern machen möchte. Nachteilig, im Hinblick auf die Kosten, könnte sich auf das Unternehmen auswirken, dass nun Mitarbeiter zur ständigen Kommunikation zum Factor bereitstehen müssen, um alle forderungsspezifischen Sachverhalte zu klären.[81]

3.2 Ausgestaltungsformen von Factoring

Bei der Variante des Factoringvertrages stehen mehrere Möglichkeiten zur Auswahl. Dabei gibt es auch Varianten, die miteinander kombiniert werden können. Die in Deutschland hauptsächlich zur Anwendung kommenden Formen werden nachfolgend erläutert.

3.2.1 Factoring mit und ohne Delkredere

Hier wird zwischen dem „echten" und „unechten" Factoring unterschieden, auf das bereits in den rechtlichen Rahmenbedingungen eingegangen wurde. Factoring mit

---

[77] Vgl. Hermann, J. (2006), S. 38.
[78] Vgl. Bette, K. (2001), S. 61.
[79] Vgl. Bette, K. (2001), S. 73.
[80] Vgl. Schwarz, W. (2002), S. 29.
[81] Vgl. ebd.

Delkredereschutz stellt für das Unternehmen eine Sicherheitsleistung dar, da auch bei einer Zahlungsunfähigkeit des Debitors die Forderungen durch den Factor beglichen. Der Factor trägt nun die Haftung im Falle eines Forderungsausfalls.[82] Dabei wird eine feste zeitliche Frist vereinbart, bei deren Erreichen die Restzahlung (Sicherheitseinbehalt) der Forderung dem Factoringkunden ausgezahlt wird. Dies ist vom Ausfall des Debitors unabhängig.[83] Bei dieser „echten" Form des Factoring trägt der Factor also das Ausfallrisiko für sämtliche angekaufte Forderungen. Beim „unechten" Factoring, das auch Recourse Factoring genannt wird, fällt diese „Versicherung" der Forderungen dementsprechend weg und das Unternehmen selbst trägt das Risiko für zahlungsunfähige Debitoren.[84]

3.2.2 Inhouse-Factoring

Bei dieser Variante des Factoring verbleibt das Debitorenmanagement beim Unternehmen. Inhouse-Factoring wird auch als Bulk- oder Eigenservice-Factoring bezeichnet.[85] Der Factoringkunde nimmt Finanzierungs- und Delkrederefunktion in Anspruch, verzichtet aber folglich auf die Dienstleistungsfunktion und verpflichtet sich, treuhänderisch die Debitoren für den Factor zu verwalten.[86] Diese Art eignet sich gewöhnlich für Unternehmen, die über ein eigenes, professionelles Debitorenmanagement und mindestens über einen Umsatz im Millionenbereich verfügen, um somit die Dienstleistungsgebühren des Factors einsparen zu können.[87] Allerdings ist für diese Zusammenarbeit zwischen Factor und Unternehmen ein hohes Maß an Vertrauen notwendig, da der Factor auf einen konstanten, korrekten und zeitnahen Informationsfluss des Kunden angewiesen ist und mehr Risiko bezüglich Transparenz und Kontrolle eingehen muss.[88]

3.2.3 Offenes und stilles Factoringverfahren

Bei der Unterscheidung zwischen offenem und stillem Verfahren geht es im Gegensatz zu den vorherigen Varianten vorrangig nicht um die Art des Leistungsumfangs, sondern vielmehr darum, in welchem Maß die Debitoren über die Zu-

---

[82] Vgl. Perridon, L./Steiner, M./ Rathgeber, A. (2009), S. 443.
[83] Vgl. Schwarz, W. (2002), S. 30.
[84] Vgl. Bette, K. (2001), S. 72f.
[85] Vgl. Thiermeier, M./ Greulich, D./ Schmeisser, W. (2004), S. 346.
[86] Vgl. Hermann, J. (2006), S. 24.
[87] Vgl. ebd.
[88] Vgl. Thiermeier, M./ Greulich, D./ Schmeisser, W. (2004), S. 346; siehe auch: Bette, K. (2001), S. 122.

sammenarbeit mit dem Factor informiert werden. Diese Variante ist unter Umständen sinnvoll, wenn Unternehmen durch die Offenlegung über die Zusammenarbeit mit dem Factor bei ihren Abnehmern Zweifel über die eigene Seriosität oder Bonität befürchten.[89] Beim offenen Factoring, das auch Notification Factoring genannt wird, erhält der Debitor eine vollständige Offenlegung über die Zusammenarbeit mit dem Factor und zugleich auch einen Abtretungshinweis, dass schuldbefreiende Zahlungen ausschließlich an den Factor möglich sind.[90]

Beim stillen Verfahren, das auch als Non-Notification Factoring bezeichnet wird, wird dagegen den Debitoren die Zusammenarbeit mit dem Factor nicht angezeigt. Da die Debitoren weiterhin an den Kunden zahlen werden, muss dieser die Zahlungen wiederum an den Factor weiterleiten. Der Literatur zufolge spielt das stille Verfahren in Deutschland aus mehreren Gründen eine untergeordnete Rolle: So wird der Kunde in der Buchhaltung und beim Debitorenmanagement nicht entlastet. Zugleich hat der Factor wiederum weniger Kontrollmöglichkeiten über Debitorenzahlungen und trägt somit mehr Risiko.[91] Der Factor wird dieses Verfahren daher nur Unternehmen mit erstklassiger Bonität anbieten.[92]

3.2.4 Fälligkeitsfactoring

Fälligkeitsfactoring, das auch Maturity-Factoring genannt wird, setzt den Leistungsschwerpunkt nicht auf die Finanzierungsfunktion, sondern eher auf die Entlastung im Debitorenmanagement sowie die Delkrederefunktion.[93] Die Forderungen des Kunden werden nicht vorfinanziert, sondern es wird ein bestimmter Fälligkeitstermin vereinbart, bei dem ein Bündel an Forderungen angekauft wird.[94]

3.2.5 Sonderformen

Neben den hauptsächlich in Deutschland relevanten und vorkommenden Factoringvarianten gibt es zusätzlich noch diverse Sonderformen. Hier können kundenspezifische Präferenzen und Gegebenheiten eine Rolle spielen, wie z.B. beim Export- oder Importfactoring. Bei Exportfactoring haben die Abnehmer des Kunden

---

[89] Vgl. Hermann, J. (2006), S. 25.
[90] Vgl. Thiermeier, M./ Greulich, D./ Schmeisser, W. (2004), S. 346.
[91] Vgl. Bette, K. (2001), S. 121f.
[92] Vgl. Schwarz, W. (2002), S. 41.
[93] Vgl. Bette, K. (2001), S. 121.
[94] Vgl. Hermann, J. (2006), S. 24f; siehe auch: Perridon, L./ Steiner, M./Rathgeber, A. (2009), S. 443.

vorrangig ihren Sitz im Ausland, wohingegen beim Importfactoring der Kunde seinen Sitz im Ausland hat, seine Abnehmer jedoch vorwiegend aus Deutschland stammen.[95] Hier haben Factoringgesellschaften durch landesspezifische Kenntnisse oder Tochtergesellschaften im Ausland die Fähigkeit, Länderrisiken professionell einzuschätzen[96] und die Auswirkungen von Krisen auf die Kreditrisiken, sog. Transfer Event Risiko, Kredit Event Risiko und Markt Event Risiko, zu quantifizieren.[97] Ebenso können weitere Modifikationen an den Rahmenverträgen vorgenommen werden, um so ein für den Kunden individuelles, sinnvolles und spezifisches Factoringsystem zu entwickeln.[98]

Um den folgenden Teil der Untersuchung stringent behandeln zu können, wird, wenn nicht anders gekennzeichnet, davon ausgegangen, dass die Standardvariante von Factoring praktiziert wird.

---

[95] Vgl. Michel, F. (2006), S.94; siehe auch: Deutscher Factoring-Verband e.V. (2009b).
[96] Vgl. Perridon, L./ Steiner, M./ Rathgeber, A. (2009), S. 443.
[97] Vgl. Zink, H. (2002), S. 69-71.
[98] Vgl. Thiermeier, M./ Greulich, D./ Schmeisser, W. (2004), S. 347.

4 Anwendung von Factoring auf mittelständische Unternehmen

4.1 Voraussetzungen für eine erfolgreiche Implementierung

Um die Finanzierungsform Factoring zur Lösung der angesprochenen Probleme bei mittelständischen Unternehmen einsetzen zu können, müssen einige Voraussetzungen erfüllt sein. Insbesondere müssen Forderungen und Produkt sowie Unternehmen und Branche den wesentlichen rechtlichen und ökonomischen Anforderungskriterien des Factors genügen.[99] Auf der anderen Seite muss der Factor ebenfalls den Wünschen und Vorstellungen des Unternehmens entsprechen. Da es sich bei Factoring nicht um ein Standardprodukt handelt, lassen sich nur weit gefasste und generelle Aussagen treffen. Üblicherweise wird für jeden Factoringkunden eine spezielle Factoringlösung angefertigt, so dass diese seinem Anforderungsprofil und Präferenzen entspricht. Dennoch können grundlegende und überwiegend zutreffende Anforderungskriterien herausgearbeitet werden, die zu einer erfolgreiche Implementierung führen. Einige sind als Ausschlusskriterien zu verstehen und müssen zwingend erfüllt werden, andere sind keine notwendige Bedingung, erleichtern oder begünstigen allerdings eine Factoringzusammenarbeit.[100] Diese gilt es in folgenden Abschnitten zu erläutern.

4.1.1 Anforderungen an das Unternehmen

Generell findet Factoring Anwendung bei Unternehmen aus Industrie, Großhandel und dem Dienstleistungsbereich. Der Jahresumsatz sollte je nach Factoringgesellschaft mindestens zwischen 1.000.000 und 2.500.000 Euro betragen,[101] da sich sonst die Factoringgebühr in nicht akzeptablen Konditionen widerspiegeln wird.[102] Wie die oben genannten Mindestumsatzzahlen deutlich machen, stellen besonders mittelständische Unternehmen eine mögliche Zielgruppe für die meisten Factoringanbieter dar, auch wenn zu kleine Unternehmen aufgrund des zu geringen Umsatzes bereits für ungeeignet erklärt werden.

Überdies werden gewerbliche Abnehmer meistens vorausgesetzt, obwohl sich auch schon Anbieter für Sonderformen entwickelt haben, die ein Business-to-

---

[99] Vgl. Mevissen, D. (2005), S. 45.
[100] Vgl. Mevissen, D. (2005), S. 45.
[101] Vgl. Werner, H. (2006), S. 205; i.V.m. Müller, S. et al. (2006), S. 260.
[102] Vgl. Schwarz, W. (2002), S. 59.

Consumer Factoring ermöglichen.[103] Allerdings ist eine Kreditwürdigkeitsprüfung bei Privatpersonen durchaus aufwendiger und schwieriger zu vollziehen, da diese einer Auskunftserteilung zustimmen müssen.[104] Bei gewerblichen Abnehmern treten ebenfalls Restriktionen auf, diese sind aber durch den Factor vorgegeben, da oftmals minimale und maximale Abnehmerzahlen gefordert werden. Dies ist aus Sicht des Factors notwendig, da bei einer zu niedrigen Anzahl von Debitoren eine zu starke Abhängigkeit (Konzentration) von einzelnen Debitoren und folglich ein erhöhtes Risiko für den Factor besteht.[105] Bei einer zu hohen Anzahl von Debitoren wird dagegen der Aufwand (Prüf- und Überwachungskosten je Debitor) für das Debitorenmanagement übermäßig ins Gewicht fallen. Da für jeden Debitor ein eigenständiges Konto samt Warenkreditlimit angelegt wird, würde deren Verwaltung zusätzliche Kosten verursachen.[106] Dies bedeutet einen Anstieg der Factoringkosten und Factoring wird zu Lasten der Rentabilität nicht mehr sinnvoll erscheinen. Desweiteren ist ein nachhaltiger Kundenstamm von Vorteil, da hier von regelmäßigen Transaktionen zwischen Unternehmen und Abnehmer ausgegangen werden kann und die Kosten für die Bonitätsprüfung der Debitoren wieder erwirtschaftet werden. Bei einer überwiegenden solventen Mehrheit der Abnehmer, werden höchstens Forderungen von einzelnen „schlechten" Schuldnern nicht angekauft.[107]

Desweiteren sind Unternehmen besonders geeignet, die hohe Außenstände generiert haben bzw. bei denen genügend Wareneinsatz vorhanden ist, um bei den Lieferantenverbindlichkeiten Skontoerträge erzielen zu können.[108] Diese sollten aufgrund der Liquiditätsschwäche bisher nicht realisierbar gewesen sein. Allgemein sind Unternehmen mit zunehmendem Wachstum sehr gut factoringtauglich, da Factoring eine umsatzkongruente Finanzierungsform ist und das Unternehmen mit zunehmendem Wachstum und Umsatz mehr Liquidität erhält. Liquidität wird somit primär betrachtet. Damit wird auch schon deutlich, dass Unternehmen sich frühzeitig mit ihrer Unternehmensfinanzierung auseinander setzen müssen, wenn Planungszahlen auf Liquiditätsengpässe hindeuten, denn abgewirtschaftete und kurz vor der Insolvenz stehende Unternehmen können durch Factoring auch nicht mehr

---

[103] Vgl. Hölper, S. (2009), S. 44f.
[104] Vgl. Thiermeier, M./ Greulich, D./ Schmeisser, W. (2004), S. 365.
[105] Vgl. ebd.
[106] Vgl. Mevissen, D. (2005), S. 49.
[107] Vgl. Hermann (2006), S. 21.
[108] Vgl. Bette, K. (2001), S. 125.

gerettet werden.[109] Ebenso wenig werden Unternehmensgründungen auf eine Factoringzusammenarbeit hoffen können, da sich keine Daten über die Wirtschaftlichkeit aus der Vergangenheit finden lassen und somit das Risiko des Factors zu hoch wäre.[110]

Schließlich wird der Factor noch auf die unternehmerische Qualität des Managements achten und diese auf Factoringfähigkeit überprüfen.[111] Factoringfähigkeit bedeutet in diesem Fall die persönliche Kreditwürdigkeit, die auf Merkmalen wie Ehrlichkeit, Zuverlässigkeit, Glaubwürdigkeit und Vertrauenswürdigkeit beruht.[112] Im Zusammenhang mit der Prüfung der Managementfähigkeiten bleibt erwähnenswert, dass der Factor sich in penibler Weise sämtliche Unterlagen und Informationen über das Unternehmen, das Verhältnis zu Banken und Versicherungen sowie insbesondere über die Buchhaltung beschaffen wird. Besonders auf Qualität letzterer ist zu achten, da viele Analysen und Auswertungen des Factors (z.B. der Debitoren, Bilanzen, Mahnwesen) auf der Verität der Daten beruhen.[113]

Dieser umfassende Katalog an Voraussetzungen wird sicherlich von kaum einem Unternehmen mit den optimalen Bedingungen erfüllt werden und daher sind diese nur typische Anhaltspunkte, an denen sich von Seiten des Unternehmens aus orientiert werden kann.[114] Wie sich jedoch zeigt, werden die Voraussetzungen maßgeblich von den Factoringinstituten vorgegeben. Am Ende fällt das Factoringunternehmen aufgrund der gesammelten Informationen ein individuelles Urteil, ob eine Zusammenarbeit aus Sicht des Factors und auch des Unternehmens als wirtschaftlich sinnvoll zu bewerten ist. Die Kosten werden dabei maßgeblich aus den unternehmensspezifischen Konstellationen resultieren. Die besten Voraussetzungen bieten allgemein Unternehmen aus den konsumnahen Branchen und dem Großhandel. Bei Unternehmen aus dem Dienstleistungsbereich kommt es in der Regel zumeist auf eine genauere individuelle Beurteilung an.[115]

---

[109] Vgl. Mayer, H. (2007), S. 16.
[110] Vgl. Schwarz, W. (2002), S. 64f.
[111] Vgl. ebd.
[112] Vgl. Thiermeier, M./ Greulich, D./ Schmeisser, W. (2004), S. 363.
[113] Vgl. Olbert, S. (1997), S. 81f.
[114] Vgl. Schwarz, W. (2002), S. 66.
[115] Vgl. Olbert, S. (1997), S. 79.

4.1.2 Anforderungen an die Forderungen und an das Produkt

Neben den Anforderungen an das Unternehmen und der Art und Weise der Geschäftsausübung müssen ebenfalls bestimmte Voraussetzungen bei den Forderungen aus Lieferungen und Leistungen sowie beim Produkt selbst erfüllt sein. Bei den Forderungen ist zunächst sehr wichtig, dass sie eine Zahlungsfrist aufweisen, die sich zwischen 20 und 90 Tagen bewegen darf.[116] Bei Auslandsforderungen darf sie 180 Tage nicht überschreiten.[117] Dabei darf die durchschnittliche Rechnungsgröße nicht unter 200 Euro liegen.[118] Diese quantitativen Eingrenzungen sind insofern zu begründen, da Forderungen, die eine zu kurze, zu lange Laufzeit haben oder sogar sofort bar bezahlt werden, von einem Factoringunternehmen nicht angekauft werden können.[119] Bei zu kurzen Zahlungsfristen kann sich der Finanzierungseffekt nicht entfalten und bei zu langen Zahlungszielen würde die Zinslast für das Unternehmen zu hoch ausfallen.[120] Je nach branchenüblichen Gegebenheiten wird hieraus ersichtlich, dass Unternehmen mit überwiegend privaten Abnehmern selten Forderungen mit offenen Zahlungszielen ausstatten und daher z.B. Unternehmen aus Einzelhandel oder Gastgewerbe meistens nicht factoringgeeignet sind. Allgemein sind Dienstleistungen nur dann factoringfähig, wenn die Außenstände genau mess- und quantifizierbar sind und ein Leistungsnachweis vorhanden ist.[121] Dies ist zumeist z.B. bei Speditionsunternehmen oder Personalleasinggesellschaften der Fall.[122]

Weiterhin sind Forderungen grundsätzlich nicht factoringfähig, bei denen mit Voraus- oder Abschlagszahlungen, d.h. mit Teilzahlungen, gearbeitet wird. Dies lässt sich besonders in der Baubranche, bei Maschinen- und Anlagenbau sowie bei Projektfinanzierungen beobachten.[123] Darüber hinaus ist es nicht unüblich, dass in diesen Branchen Anzahlungen, Einreden oder Gegenforderungen geltend gemacht werden. Die Forderungen würden daher an Wert verlieren. Obendrein ist Factoring

---

[116] Vgl. Schwarz, W. (2002), S. 59; i.V.m An der Heiden, S. (2007), S. 46.
[117] Vgl. Schwarz, W. (2002), S. 59.
[118] Vgl. Schwarz, W. (2002), S. 60.
[119] Vgl. Perridon, L./ Steiner, M./ Rathgeber, A. (2009), S. 444.
[120] Vgl. Schwarz, W. (2002), S. 59.
[121] Vgl. Thiermeier, M./ Greulich, D./ Schmeisser, W. (2004), S. 362; siehe auch: Olbert, S. (1997), S. 79f.
[122] Vgl. Bette, K. (2002), S. 126.
[123] Vgl. ebd.

bei Unternehmen problematisch, die ihren Abnehmern Rückgaberechte oder Verrechnungsmöglichkeiten einräumen.[124]

Eine notwendige Bedingung für Factoring ist außerdem, dass die Forderungen rechtlichen Bestand haben und wahrhaftig existieren (Verität)[125] und nach § 398 BGB abtretbar sind. Das bedeutet, dass keine sonstige Zession der Außenstände, z.B. im Rahmen eines Kreditbesicherungsvertrages, vorliegen darf. Sollte dies aber der Fall sein, ist ein Factoringgeschäft und Forderungsverkauf nicht möglich. Im Falle eines Abtretungsverbotes zwischen Unternehmen und Debitor gemäß § 399 BGB, ist dieses nach § 354a HGB nicht wirksam, da das Rechtsgeschäft für beide Seiten ein Handelsgeschäft darstellt und damit eine Abtretung der Forderung (an den Factor) gleichwohl wirksam ist. Eine schuldbefreiende Zahlung kann jedoch trotzdem an den bisherigen Gläubiger geleistet werden.[126]

4.1.3 Anforderungen an das Factoringinstitut

Genauso wie Unternehmen und dessen Abnehmer die Anforderungen der Factoringinstitute erfüllen müssen, so stellt sich für das Unternehmen die Wahl des Factors. Dabei werden Factoringinstitute vom Unternehmen ausgewählt und bewertet. Hierzu bietet sich dem Unternehmen eine weitläufige Bandbreite an Instituten, da der Factoringmarkt von 2003 bis 2008 um 236 Prozent gewachsen ist und die Anbieter 2008 einen Umsatz von nun 125,86 Milliarden Euro erwirtschafteten.[127] In erster Linie ist dem Unternehmen wichtig, dass der Factor selbst solvent ist, und über den entsprechenden finanziellen Hintergrund verfügt, da eine Insolvenz des Factors den Kunden vor außerordentlich große Probleme stellen würde.

Viele Factoringinstitute sind Tochtergesellschaften von großen Banken oder Versicherungen und das factoringwillige Unternehmen kann auf solche bekannten Factoringanbieter vertrauen.[128] Diese Institute sollten auch langfristig erfolgreich betrieben werden können und es sollte genügend Refinanzierungskapital für den Notfall vorhanden sein, da sie sich durch den Zugang zum Geldmarkt sehr günstig refinanzieren können.[129] Vorteilhaft unter Risikogesichtspunkten für das Unternehmen ist, dass durch das Jahressteuergesetz 2009 seit dem 25.12.2008 gemäß § 1

---

[124] Vgl. Schwarz, W. (2002), S. 61; siehe auch: Bette, K. (2001), S. 97f.
[125] Vgl. Selzer, C./ Stiegler, I. (2009), S. 42.
[126] Vgl. Mevissen, D. (2005), S. 47; siehe auch: Bette, K. (2006), S. 56f.
[127] Vgl. Wassermann, H. (2009), S. 181.
[128] Vgl. Schwarz, W. (2002), S. 67.
[129] Vgl. Schwarz, W. (2002), S. 68.

Abs. 1a Satz 2 Nr.9 KWG alle Unternehmen, die Factoring als Finanzdienstleistung anbieten, erlaubnis- und aufsichtspflichtig sind. Dabei wird kein Unterschied zwischen dem „echten" und „unechten" Factoring gemacht.[130] Die Klassifizierung als Finanzdienstleistungsinstitut bedeutet für den Factor eine Überwachung durch die Bundesanstalt für Finanzdienstleistungsaufsicht (BaFin). Es werden von nun an höhere gesetzliche Anforderungen an das Factoringinstitut gestellt, um Transparenz und Qualität zu gewährleisten. Dies wird voraussichtlich zu einer Marktkonsolidierung führen und somit werden schwache und unsolide Factoringanbieter ausscheiden.[131]

Als zweite wichtige Komponente ist das Preis-/Leistungsverhältnis von Bedeutung. So muss sich das Unternehmen über den exakten Umgang mit der Delkrederehaftung des Factor auseinandersetzen und determinieren, ob diese mit den Wünschen des Unternehmens übereinstimmen. Unter Rentabilitätsaspekten ist die Verzinsung der angekauften Forderungen zu beachten, da diese einen großen Teil der Kosten ausmachen, auf den im nächsten Kapitel explizit eingegangen wird.[132] Ferner ist für das Unternehmen wichtig, inwiefern der Factoringanbieter flexibel auf allgemeine Kundenwünsche eingehen kann und wie die durchgängige Beratungsqualität aussieht.

Von besonderer Bedeutung ist auch, ob der Factor den Debitoren ausreichend hohe Warenkreditlimite einräumt und nicht nur Forderungen von Abnehmern hervorragender Bonität ankauft.[133] In diesem Zusammenhang ist außerdem die Höhe des Sicherheitseinbehalts zu erwähnen, die letztendlich den Liquiditätszufluss beeinflusst. Schließlich sollte das Unternehmen noch klären, wie bei einer Beendigung der Zusammenarbeit verfahren wird. Dabei ist Unternehmen u.a. wichtig, dass diskret und sorgfältig mit den Debitoren und ihren Daten umgegangen wird, da diese für eine weitere Geschäftsbeziehung unersetzlich sind.[134] Zusätzlich muss geklärt werden, was mit bereits angekauften Forderungen geschieht oder wie mit Guthaben auf dem Sperrkonto umgegangen wird.[135]

---

[130] Vgl. Moseschus, A./ Wessel, M./ Schuck, K. (2009), S. 113.
[131] Vgl. Wieland, H. (2009b), S. 26; siehe auch: Wieland, H. (2009a), S. 18.
[132] Vgl. Schwarz, W. (2002), S. 68.
[133] Vgl. Schwarz, W. (2002), S. 70.
[134] Vgl. Brunotte, J. (2009)
[135] Vgl. Schwarz, W. (2002), S. 69.

Wie zu erkennen ist, handelt es sich bei diesen genannten Anforderungen um Prämissen, die rein von der Unternehmensseite ausgehen und eher als wünschenswerte Kriterien betrachtet werden können. Ihre Erfüllung ist überwiegend weniger als Ausschlusskriterium, sondern eher als Optimum zur Erreichung von Rentabilitätsaspekten sowie den individuellen, subjektiven Vorstellungen zu sehen. Dabei wird ersichtlich, welche Beachtung den Konditionen und dem Factoringvertrag beigemessen werden muss.

4.2 Kosten des Factoring

Die Kosten, die bei diesem Finanzierungsbaustein entstehen, sind aufgrund der Heterogenität jedes Unternehmens individuell unterschiedlich, da es kein standardmäßiges Berechnungsmodell gibt. Dennoch lässt sich feststellen, dass zumeist zwei Komponenten die Kosten letztendlich bestimmen. Auf der einen Seite sind dies Finanzierungskosten für die Bevorschussung der Forderungen und auf der anderen Seite entstehen Kosten für alle administrativen Tätigkeiten sowie die Delkrederefunktion des Factors.[136] Darüber hinaus fallen ggf. noch Prüfungs- und Überwachungskosten je Debitor und Geschäftsjahr an. Diese befinden sich im Rahmen von 20 bis 60 Euro pro Debitor und Jahr[137] und werden u.a. durch Bonität und Struktur der Debitoren, Branche sowie erwarteten Ausfallraten beeinflusst.[138]

So bestehen die Finanzierungskosten gewöhnlich aus dem Vorfinanzierungszinssatz, der taggenau vom Ankauf der Forderung bis zum Zahlungseingang des Debitors (oder bis Eintritt des Delkrederefalles) anfällt. Dieser Zinssatz befindet sich meist in dem Rahmen, der für Kontokorrentkredite üblich ist[139] und wird auf die Bruttoforderung an sich oder auf die Bruttoforderung, vermindert um den Sicherheitseinbehalt, berechnet.[140] Oftmals ist der Zinssatz auch an den Dreimonats-EURIBOR (Geldmarktsatz) gekoppelt und befindet sich dann im Bereich zwischen 4 und 8 Prozent. Er kann dabei noch von der Bonität des Unternehmens beeinflusst werden.[141]

---

[136] Vgl. Bette, K. (2001), S. 64.
[137] Vgl. Achsnick, J./ Krüger, S. (2008), S. 8.
[138] Vgl. Schwarz, W. (2002), S. 72.
[139] Vgl. Wöhe, G./ Döring, U. (2008), S. 613.
[140] Vgl. Schwarz, W. (2002), S. 74f.
[141] Vgl. Achsnick, J.; Krüger, S. (2008), S. 8.

Die zweite Komponente der Kosten wird maßgeblich durch die anfallenden Factoringgebühren bestimmt. Diese fallen für das Debitorenmanagement sowie die Übernahme des Delkredererisikos einer Forderung an. Der Dienstleistungsanteil der Factoringgebühr wird hauptsächlich durch Faktoren wie Rechnungshöhe sowie Rechnungsvolumen, Anzahl der Debitoren, aber auch Umsatz des Kunden bestimmt und wirkt sich dementsprechend in unterschiedlicher Relation aus. So fallen beispielsweise bei einer geringeren Anzahl an Debitoren oder Rechnungen weniger administrative Kosten als bei einer deutlich höheren Anzahl an.[142] Dieser Mehraufwand wird am Ende auf den Kunden abgewälzt und spiegelt sich in der Factoringgebühr wider. Für die Delkrederefunktion berechnet der Factor je nach Ausfallwahrscheinlichkeiten der Forderungen eine Gebühr von 0,2 bis 2 Prozent auf das Forderungsvolumen bezogen.[143] Die Höhe der Factoringgebühr variiert daher von Unternehmen zu Unternehmen und befindet sich etwa zwischen 0,25 und 2,5 Prozent des Umsatzes.[144]

Neben diesen beiden Komponenten existieren noch weitere Kosten, die oftmals in der Literatur nicht explizit erläutert werden. So können aber unter Umständen in der Vorbereitungsphase für den Kunden Transaktionskosten anfallen, die sich durch die Suche nach einem geeigneten Factoringanbieter und klärenden Gesprächen mit der Hausbank niederschlagen.[145] Die Hausbank ist insofern involviert, da die Außenstände für sie ggf. eine Kreditsicherheit darstellen,[146] die durch Factoring wegfällt. Außerdem können auf Unternehmensseite Kosten für den technischen Ausbau und Verbesserung bezüglich IT-Infrastruktur, Buchhaltungswesen sowie Controlling eine Rolle spielen.[147] Besonders bei kleineren mittelständischen Unternehmen kann von diesem Fall ausgegangen werden, da eine Schnittstelle zwischen Factor und Kunde eingerichtet werden muss und Factoringsoftware und Buchhaltungssoftware des Kunden angepasst und gegenseitig implementiert werden müssen.

Zusätzlich wird erwähnt, dass Factoring im Vergleich zu anderen Finanzierungsalternativen als relativ teuer angesehen wird. Ein Vergleich dieser Art ist jedoch nicht

---

[142] Vgl. Schwarz, W. (2002), S. 71.
[143] Vgl. Wöhe, G./ Döring, U. (2008), S. 613.
[144] Vgl. Bieg, H./ Kußmaul, H. (2009), S. 410; i.V.m. Reichling, P./ Beinert, C./ Henne, A. (2005), S. 197; i.V.m. Achsnick, J./ Krüger, S. (2008), S. 8.
[145] Vgl. Mevissen, D. (2005), S.55.
[146] Vgl. Perridon, L./ Steiner, M./ Rathgeber, A. (2009), S. 426.
[147] Vgl. Mevissen, D. (2005), S. 54.

zweckmäßig, da sich das Factoringprodukt individuell aus den jeweiligen Voraus-setzungen des Unternehmens zusammensetzt. Zusätzlich muss beachtet werden, dass Factoring neben der Bevorschussung von Forderungen auch weiteren Nutzen, die Übernahme des Debitorenmanagements sowie die Risikoübernahme von Forderungsausfällen, schafft.[148]

4.3 Auswirkungen von Factoring auf das Unternehmen

4.3.1 Auswirkungen auf Zahlungsfähigkeit und Rentabilität

Das Finanzierungsinstrument Factoring generiert für ein Unternehmen vielfältigen Nutzen. Wie schon erwähnt ist das primäre unternehmerische Ziel eine Erhaltung der Liquidität.[149] Darüber hinaus tritt je nach unterschiedlicher Mittelverwendung ein nicht von der Hand zu weisender Effekt zur Ertragsverbesserung ein, der später anhand eines Beispiels erörtert wird.

In Zeiten angespannter Verhältnisse zwischen Hausbank und Unternehmen sieht sich letzteres mit Problemen konfrontiert, die Liquiditätsengpässe verursachen. Um dem gegenzusteuern, hilft der Finanzierungseffekt. Ein sofortiger Liquiditätszufluss tritt durch die Auflösung der Außenstände ein.[150] Durch den planbaren und vorge-zogenen Liquiditätszufluss kann das Unternehmen seine Verbindlichkeiten bei Lieferanten begleichen, sogar voll skontieren oder als Barzahler auftreten. Der hier entstehende Einkaufsvorteil macht einen enormen Anteil aus und ist für den Nutzen von Factoring mitentscheidend.[151] Ein beiläufiger Effekt ist, dass das Kundenunter-nehmen sein Image aufpoliert und verbesserte Einkaufskonditionen erreichen kann, die sich im Nachhinein ebenfalls wieder in weiterer Liquidität und auch Rentabilität bemerkbar machen.[152]

Außerdem kann der Factoringkunde seine liquiden Mittel zur Begleichung von weiteren kurzfristigen hoch verzinslichen Verbindlichkeiten einsetzen, um Zinskos-ten zu vermeiden und autonomer vom Kreditvergabeverhalten der Banken zu sein.[153] Besonders dieser Aspekt spielt für das Unternehmen eine wichtige Rolle, wie die Veränderungen durch die Finanzkrise gezeigt haben. Gleichzeitig wird ggf.

---

[148] Vgl. Thiermeier, M./ Greulich, D./ Schmeisser, W. (2004), S. 366.
[149] Vgl. Perridon, L./ Steiner, M./ Rathgeber, A. (2009), S. 13.
[150] Vgl. Perridon, L./ Steiner, M./ Rathgeber, A. (2009), S. 444.
[151] Vgl. Mayer, H. (2007), S. 16.
[152] Vgl. Thiermeier, M./ Greulich, D./ Schmeisser, W. (2004), S. 349.
[153] Vgl. Torner, K. (2009), S. 18.

die Profitabilität durch eine Reduzierung der Zinsaufwendungen aus Dauerschuld-verhältnissen erhöht und der Gewerbesteueraufwand kann gesenkt werden.[154]

Ferner entsteht eine stärkere Unabhängigkeit von Zahlungen der eigenen Debito-ren. Die Forderungen durch den Factor werden kongruent zum erwirtschafteten Umsatz angekauft. Diese Autonomie kann in einer finanziellen Notlage ebenfalls einen außergewöhnlich wichtigen Nutzen darstellen, da sich das Zahlungsverhalten der Abnehmer im Zuge der Finanzkrise weiter verschlechtert hat.[155] Je nach Zinskonditionen des Factors zur Bevorschussung der Forderungen des Kunden macht es ebenfalls Sinn, den Debitoren sogar längere Zahlungsziele einzuräumen, um im Wettbewerb den Abnehmern einen Vorteil bieten zu können.[156] Hier werden aber nur Verbesserungen im branchenüblichen Rahmen möglich sein. Skontie-rungsmöglichkeiten braucht das Unternehmen seinen Abnehmern dagegen unter Umständen nicht mehr einzuräumen und kann daher diese Abschläge auf seine Forderungen sparen, da es nun von einer zügigen Zahlung der Debitoren unab-hängig ist.

Wie bereits dargestellt, hilft dieses Instrument auch bei Debitoren, die ihre Verbind-lichkeiten nicht begleichen. So trägt die Delkrederefunktion des Factors dazu bei, dass Forderungsausfälle aller angekauften Forderungen nicht mehr zu Buche zu schlagen und das Risiko allein beim Factor liegt.[157] Dabei muss das Unternehmen jedoch die Limitentscheidungen des Factors bezüglich der Debitoren beachten.[158] Durch die jüngst angestiegene Zahl von Forderungsverlusten entsteht beim Unternehmen ein erhöhtes Risiko, das auf den Factor abgewälzt wird. Existenzbe-drohliche Verluste aus Insolvenzen der Debitoren können daher durch Factoring vermieden werden.[159]

Auch die Dienstleistungsfunktion trägt zur Verbesserung der Liquidität und Rentabi-lität bei, da Aufwendungen bei Personal- und Sachkosten eingespart werden können.[160] Parallel dazu trägt das professionelle Debitorenmanagement des Factors zu weiteren Einsparpotenzialen bei. Nicht nur direkte Kosten werden eingespart, sondern es wird auch eine Verkürzung der Debitorenlaufzeiten an sich

---

[154] Vgl. Bieg, H./ Kußmaul, H. (2009), S. 410.
[155] Vgl. o.V. (2009a).
[156] Vgl. Stiegler, I. (2009), S. 15.
[157] Vgl. Mayer, H. (1997), S. 110.
[158] Vgl. Schwarz, W. (2002), S. 34.
[159] Vgl. Perridon, L./ Steiner, M./ Rathgeber, A. (2009), S. 444.
[160] Vgl. Schwarz, W. (2002), S. 29.

erreicht.[161] Dies führt wiederum zu einem geringeren Zinsaufwand und letztlich zu einer Verbesserung der Rentabilität.[162]

Neben diesen Vorteilen bestehen allerdings auch Risiken für das Unternehmen. Eine Gefahr birgt eine falsche Mittelverwendung der zusätzlichen Liquidität. So darf diese nicht für langfristige Investitionen verwendet werden, da der Liquiditätszufluss bei einem Umsatzeinbruch schlagartig abnimmt.[163] Bei voller Ausnutzung von Skontierungsmöglichkeiten und der Tilgung von kurzfristigen Verbindlichkeiten ist weiterhin eine konservative Mittelverwendung zu bevorzugen. Mit dem Begriff konservativ ist z.B. der Abbau von teuren Finanzierungsformen oder der Aufbau von weiteren Liquiditätsreserven gemeint.[164]

Ferner führt eine unerwartete Veränderung der Bonität der Debitoren zu einer Streichung von Warenkreditlimiten und einem Sinken des Ankaufvolumens der Forderungen. Hier muss ebenfalls mit einer Unterbrechung des Liquiditätsstroms gerechnet werden.

4.3.2 Auswirkungen auf Bilanz und Kennzahlen

Um die vorangegangenen Darstellungen und Wirkungen von Factoring auf Liquidität und Rentabilität im Detail zu erläutern, ist eine Untersuchung der Bilanz und der Gewinn- und Verlustrechnung (GuV) anhand eines Beispiels sinnvoll. Durch einen Aktivtausch entsteht zunächst der Liquiditätseffekt. In dem Fall geschieht dies aus einer Abnahme der Forderungen und einer Zunahme des Kassenbestandes. Das Ergebnis ist eine Verbesserung der Liquidität ersten Grades.[165] Der Rentabilitätseffekt tritt durch eine vernünftige Mittelverwendung ein, um Kosten (Aufwand) einzusparen oder zu vermeiden. Nachfolgend wird ein willkürlich gewähltes Unternehmensbeispiel angeführt.

Ein mittelständisches Unternehmen aus dem Druckgewerbe hat einen Jahresumsatz von 3.600.000 Euro. Die Außenstände betragen 930.000 Euro. Im Zuge der Finanzkrise haben sich die Finanzierungskonditionen dermaßen verschlechtert, dass sich die Unternehmensleitung dazu entschlossen hat, ihre Finanzierungsstrategie zu überdenken und auf den Finanzierungsbaustein Factoring zurückzugrei-

---

[161] Vgl. ebd.
[162] Vgl. Hermann, J. (2006), S. 26.
[163] Vgl. Haghani, S./ Stoff, I. (2009), S. 80.
[164] Vgl. ebd.
[165] Vgl. Mevissen, D. (2005), S. 69.

fen. Im Praxisbeispiel werden ausgewählte Positionen der Bilanz sowie der Gewinn- und Verlustrechnung stichtagsbezogen einmal ohne und einmal mit Factoring dargestellt. Um die bilanzielle Wirkung unkompliziert und verständlich hervorzuheben, handelt es sich hierbei um ein vereinfachtes, positives Beispiel.

AKTIVA	ohne Factoring 31.12.2009	PASSIVA	ohne Factoring 31.12.2009
ANLAGEVERMÖGEN	**1.835** **59,67%**	**EIGENKAPITAL**	**300** **9,76%**
UMLAUFVERMÖGEN	**1.240** **40,33%**	**LANGFRISTIGE VERB.**	**1.600** **52,03%**
Warenvorräte	309	**KURZFRISTIGE VERB.**	**1.175**
Forderungen aus LuL	930		**38,21%**
Bankguthaben + Kasse	1	Kurzfristige Bankverbindlichkeiten	150
		Verbindlichkeiten aus LuL	500
		Sonstige Verbindlichkeiten	525
GESAMTAKTIVA	**3.075**	**GESAMTPASSIVA**	**3.075**

Tabelle 2: Ausgewählte Positionen der Bilanz ohne Factoring (in Tsd. Euro)[166]

In Tabelle 2 wird die Bilanz des Unternehmens zum Jahresabschluss 2009 dargestellt. Wie erkennbar stellt das Umlaufvermögen mehr als 40 Prozent der Bilanzsumme dar. Zusätzlich hat das Unternehmen eine sehr geringe Eigenkapitalquote von unter 10 Prozent. Nachfolgend die Bilanz zum selben Stichtag mit einer Full-Service-Factoring Finanzierung.

AKTIVA	mit Factoring 31.12.2009	PASSIVA	mit Factoring 31.12.2009
ANLAGEVERMÖGEN	**1.835** **75,05%**	**EIGENKAPITAL**	**300** **12,27%**
UMLAUFVERMÖGEN	**610** **24,95%**	**LANGFRISTIGE VERB.**	**1.600** **65,44%**
Warenvorräte	309	**KURZFRISTIGE VERB.**	**545**
Forderungen aus LuL	230		**22,29%**
Forderungen an den Factor	70	Kurzfristige Bankverbindlichkeiten	20
Bankguthaben + Kasse	1	Verbindlichkeiten aus LuL	0
		Sonstige Verbindlichkeiten	525
GESAMTAKTIVA	**2.445**	**GESAMTPASSIVA**	**2.445**

Tabelle 3: Ausgewählte Positionen der Bilanz mit Factoring (in Tsd. Euro)[167]

---

[166] Eigene Darstellung.
[167] Eigene Darstellung.

Die Auswirkungen der Factoringfinanzierung werden in Tabelle 3 deutlich. Zum Vorgehen: Das Factoringinstitut hat Debitoren und Forderungen analysiert und folglich Forderungen im Wert von 700.000 Euro als ankaufsfähig befunden. Der Factor hat dementsprechend die Forderungen angekauft und den Kunden ausgezahlt (abzüglich 10 Prozent Sicherheitseinbehalt in Höhe von 70.000 Euro). Durch den Ankauf der Forderungen reduziert sich das Umlaufvermögen, anhand einer Verringerung des Postens der Forderungen, auf knapp 25 Prozent. Die zusätzlich vorhandene Liquidität ist zum Abbau von 130.000 Euro kurzfristigen Bankverbindlichkeiten sowie zum Abbau von Lieferantenverbindlichkeiten in Höhe von 500.000 Euro verwendet worden. Durch diese Mittelverwendung hat sich daraufhin die Eigenkapitalquote um knapp 2,5 Prozent auf über 12 Prozent erhöht, da eine Bilanzverkürzung um gut 20 Prozent stattgefunden hat. Eine erhöhte EK-Quote führt wiederum zu einer besseren Bonitätseinstufung bei Kreditinstituten und hat daher weitreichende positive Auswirkungen auf das Unternehmen.[168] Um die Rentabilitätsveränderung und die genauen Umgestaltungen in der Gewinn- und Verlustrechnung aufzuzeigen, nachfolgend ebenfalls ein vereinfachtes Beispiel. Dieses baut auf dem vorherigen Beispielunternehmen auf.

Unternehmensdaten	31.12.2009
Umsatz	3.600
Debitorenanzahl	200
Außenstände	930
Rechnungen per annum	3.000
Materialaufwand	1.500
Lieferantenskonti bei Begleichung der Verbindlichkeiten innerhalb von 10 Tagen	3 %
Forderungsausfälle	35
Zinssatz für langfristige Zinsen	6 %
Zinssatz für kurzfristige Zinsen	10 %
Konditionen und Kosten des Factoring	
Factoringgebühr auf Bruttoumsatz	1,5 %
Factoringzinsen auf die angekauften Forderungen	7 %
Prüfgebühr Debitor	entfällt
Sicherheitseinbehalt	10 %
Eintritt des Delkrederefalls	nach 120 Tagen

Tabelle 4: Unternehmensdaten und Factoringkonditionen (Beispiel in Tsd. Euro)[169]

---

[168] Vgl. Bette, K. (2001), S. 67.
[169] Eigene Darstellung.

GEWINN- UND VERLUST-RECHNUNG (in Tsd. Euro)	ohne Factoring 31.12.2009	mit Factoring 31.12.2009
Umsatz Inland	3.500	3.500
Umsatz Ausland	100	100
GESAMTUMSATZ	**3.600**	**3.600**
Materialaufwand	1.500	1.500
(Skontoerträge)	0	45
Personalaufwand (Löhne & Gehälter)	900	860
Zinsen (langfristig)	96	96
Zinsen (kurzfristig)	15	2
Factoringgebühren	0	54
Factoringzinsen	0	49
Wertberichtigungen	35	1
sonstige Kosten	1.050	1.050
Gesamtertrag	3.600	3.645
Gesamtaufwand	3.596	3.612
GEWINN VOR STEUERN	**4**	**33**

Tabelle 5: Kosten-Nutzen-Analyse anhand Gewinn- und Verlustrechnung[170]

In der GuV von 2009 wird deutlich, dass das Unternehmen die neu gewonnene Liquidität zur Begleichung von Lieferantenverbindlichkeiten mit Skontierungsmöglichkeiten nutzt. Allein 45.000 Euro kann es hier auf den Einkauf einsparen. Bei der Buchhaltung kommt es zu Einsparungen in Höhe von 40.000 Euro durch weniger Personalaufwand, da das Debitorenmanagement vom Factor übernommen worden ist. Außerdem verringert das Unternehmen seine Dauerschulden durch den Abbau von Bankverbindlichkeiten. Dadurch entsteht eine Entlastung an Zinsaufwand, der sich bei den kurzfristigen Zinsgebühren (13.000 Euro) bemerkbar macht. Wertberichtigungen, verursacht durch Forderungsausfälle, reduzieren sich spürbar um 34.000 Euro, da die Factoringgesellschaft das Ausfallrisiko für die von ihr angekauften Forderungen vollständig übernimmt. Demgegenüber stehen die Kosten für das Factoring. So fallen Factoringgebühren in Höhe von 54.000 Euro an, die prozentual auf den Jahresumsatz erhoben werden. Zusätzlich entstehen Factoringzinsen für die Bevorschussung der angekauften Forderungen (49.000 Euro). Die Zinssätze sind bonitätsabhängig und orientieren sich in diesem Beispiel an dem Geldmarktzins EURIBOR.

Insgesamt zeigt sich durch die Darstellung der GuV eindeutig, dass sich der Gewinn vor Steuern durch Factoring in diesem Beispiel außerordentlich steigern lässt. Neben der Beseitigung von Liquiditätsengpässen kann zusätzlich der Ertrag

---

[170] Eigene Darstellung.

um 29.000 Euro gesteigert werden. Hinzukommt außerdem noch, dass durch den Abbau von Dauerschuldverhältnissen, also z.B. Bankkrediten, der Gewerbesteueraufwand gemindert wird. Nach § 8 GewStG zählt Factoring nicht zu einem Dauerschuldverhältnis und durch die Verringerung der Bankverbindlichkeiten sinken die auf die Zinsen zu entrichtenden Gewerbesteuern.[171] Dies ist aber in diesem Beispiel zahlenmäßig nicht aufgeführt.

Trotz dieses überaus positiven Falles bleibt zu beachten, dass Factoring individuell auf jeden Kunden anders wirkt. Das gesamte Modell besteht aus vielen Faktoren, die sich kurzfristig ändern können und damit die gesamte Konstellation und ihren Ausgang verändern. So ergeben sich beispielsweise durch eine Bonitätsveränderung der Debitoren, eine Erhöhung des Zinsniveaus oder aber eines sinkenden Umsatzes erhebliche Auswirkungen zur Beeinträchtigung der Rentabilität. Diese Veränderungen betreffen allerdings nicht nur eine Factoringfinanzierung. Bei sinkendem Umsatz sinkt beispielsweise der Refinanzierungsbedarf unabhängig der Finanzierungsform. Ebenso sollte beachtet werden, dass dies eine statische Rechnung ist und daher nicht ohne weiteres in die Realität übertragen werden kann. Daher kann diese Analyse nur als ungefähre Orientierung dienen und die „Stellschrauben" aufzeigen, an denen mittels Factoring in Bilanz und GuV gedreht werden kann.[172]

4.3.3 Zusätzliche Auswirkungen

Ein Unternehmen, das Factoring einsetzt, trägt zusätzlich zur Restrukturierung der Unternehmensfinanzierung bei. Die Refinanzierungsquellen werden diversifiziert und die Abhängigkeit von diesen auf eine breite Basis verteilt.[173] Die Dispositionsfreiheit des Unternehmens erhöht sich.[174] Neben Änderungen der bilanzpolitischen Kennzahlen tritt zwangsweise eine Neuordnung der Kapitalstruktur ein. Einerseits ändert sich Rating und Kreditwürdigkeit bei anderen externen Kreditgebern, die Folge sind somit generell bessere Kreditkonditionen. Andererseits kann durch die dazugewonnene Finanzierungsquelle Factoring letztendlich ohnehin mehr Unabhängigkeit von den kreditgebenden Banken erreicht werden.[175] Wie bereits erwähnt, scheint dies für mittelständische Unternehmen in Zeiten der Finanzkrise teilweise unerlässlich zu sein, aber auch bei einer zukünftig aufhellenden Konjunk-

---

[171] Vgl. Schwarz, W. (2002), S. 27.
[172] Vgl. Schwarz. W. (2002), S. 35.
[173] Vgl. Kann, G./ Linnemann, C. (2009), S. 18-20.
[174] Vgl. Perridon, L./ Steiner, M./ Rathgeber, A. (2009), S. 12.
[175] Vgl. Mevissen, D. (2005), S. 67.

tur sollten Banken somit kein Expansions- und Investitionshemmnis mehr darstellen. Dennoch ist mit der stärkeren Unabhängigkeit von Bank und Debitorenzahlungen gleichzeitig eine Abhängigkeit vom Factor entstanden. Das Unternehmen verliert die Kontrolle über die Debitoren und auch die Erfahrung, die bei einem späteren Ende der Factoringverbindung fehlen wird. Ebenso wird die Offenlegung von Kundendaten sowie die sehr sachliche Beziehung zwischen Factor und Debitoren als negativ eingestuft.[176]

4.4 Grenzen und Probleme der Factoringlösung

Neben den Voraussetzungen, die Unternehmen erfüllen müssen oder sollten, um überhaupt eine Factoringzusammenarbeit als wirtschaftlich sinnvoll erscheinen zu lassen und die als eingrenzender Rahmen gesehen werden können, treten auch Grenzen bei dem Wirkungsvolumen von Factoring auf. Obwohl Unternehmen durch Factoring schlagartig mit Liquidität versorgt werden, kann es dennoch eine bevorstehende Insolvenz weder abwenden noch ein überschuldetes Unternehmen gar eigenständig sanieren.[177] Factoring bevorschusst bei einem insgesamt intakten Unternehmen die Forderungen, hilft aber nicht bei Überschuldung oder gar unternehmerischer Krise, die auf der gesamten Geschäftsstrategie und dessen Umfeld beruht. So können beispielsweise wichtige Skontierungsmöglichkeiten trotz Factoring unter Umständen nicht genutzt werden, da die Liquidität zur Aufrechterhaltung der Zahlungsfähigkeit und für Sanierungsmaßnahmen genutzt werden muss.[178] Dies begründet die Notwendigkeit einer frühzeitigen Auseinandersetzung mit dem Thema, falls Engpässe durch externe Faktoren, wie eine restriktivere Kreditpolitik der Banken, sich andeuten.

Neben den Grenzen kommen mögliche Problembereiche hinzu, die während der laufenden Zusammenarbeit zwischen Factor und Kunde von Bedeutung sind. Hier ist insbesondere ein zwischen Kunde und Abnehmer vereinbartes Abtretungsverbot zu nennen. Auch wenn das Problem mittlerweile durch die gesetzlichen Vorgaben zu Gunsten von Factor und Kunde verändert wurde und eine Abtretung an den Factor trotz eines Abtretungsverbotes der Abnehmer wirksam ist, so stellt es dennoch einen Mehraufwand für Kunde und Factor dar. Der Factor muss durch das

---

[176] Vgl. Mevissen, D. (2005), S. 72.
[177] Vgl. Achsnick, J./ Krüger, S. (2008), S. 21.
[178] Vgl. Achsnick, J./ Krüger, S. (2008), S. 24.

entstehende Weiterleitungsrisiko dem Kunden einen Vertrag mit schlechteren Konditionen oder einem niedrigeren Warenkreditlimit für den jeweiligen Debitor anbieten.[179] Für den Kunden entstehen dadurch wirtschaftliche Nachteile und ebenso kann das Verhältnis zwischen Debitor und Kunde beeinträchtigt werden. Zudem kann im Zusammenhang mit dem Abtretungsverbot die Kollision mit anderen Abtretungen, z.B. im Rahmen einer Globalzession oder bei verlängertem Eigentumsvorbehalt, als problematisch angesehen werden.[180]

Schließlich wird in der Literatur das Problem der nicht vorhandenen Autonomie von Factoringinstituten angesprochen. Damit ist gemeint, dass Factoringinstitute ein bankähnliches Verhalten haben werden oder sich sogar eine Zugehörigkeit zu Banken erkennen lässt. Sie können damit keinen großen Beitrag für Unternehmen zur Milderung der Auswirkungen aus der Finanzkrise beitragen.[181] Gestützt wird dieser Punkt durch die bevorstehende Marktbereinigung anhand den neuen aufsichtsrechtlichen Regelungen und der Überwachung durch die BaFin: Unabhängige kleinere Factoringinstutite werden es zumeist schwerer haben, sich am Markt durchzusetzen und bestehen zu bleiben, als diejenigen mit Bank- oder Versicherungszugehörigkeit. Dennoch ist dieser Aspekt strittig, da in der Literatur ebenso angesprochen wird, dass Factoringanbieter andere Schwerpunkte bei der Kreditbeurteilung setzen als Banken. Besonders der Bonität der Debitoren wird, wie aufgezeigt, eminent viel Gewicht bemessen, die z.B. beim Kontokorrentkredit der Banken dagegen eher keinen zentralen Punkt darstellt.[182]

Problematisch kann ebenfalls ein Ende der Zusammenarbeit sein, da sich der Kunde oft nur schwer aus dieser Kooperation lösen kann. Besonders die schlagartige Wiederaufnahme des eigenen Debitorenmanagements stellt eine nicht zu unterschätzende Herausforderung dar.[183]

4.5 Lösbarkeit der Finanzierungsproblematik

Die Einsatzmöglichkeiten von Factoring zeigen, dass krisenbedingte Liquiditätsengpässe, verursacht durch externe Faktoren, wie die restriktive Kreditvergabe der Banken, teilweise anhand des Factoringinstruments gelöst werden können. Über

---

[179] Vgl. Schwarz, W. (2002), S. 53.
[180] Vgl. Mevissen, D. (2005), S. 47.
[181] Vgl. Oehler, A./ Kohlert, D./ Linn, A. (2009), S. 382.
[182] Vgl. Bieg, H./ Kußmaul, H. (2009), S. 190f.
[183] Vgl. Mevissen, D. (2005), S. 72.

die zusätzlichen liquiden Mittel kann das Unternehmen generell frei verfügen, doch nur bei einer richtigen Mittelverwendung tritt gleichzeitig eine Verbesserung der Rentabilität ein. Wie zu Beginn gesehen, ist die unzureichende Kreditvergabe eine der häufigsten Insolvenzursachen, die im Zuge der Krise den Mittelständlern zugesetzt hat.[184] Eine erfolgreiche Sicherung der Liquidität hat somit Priorität. Einschränkend dazu ist jedoch zu sehen, dass das Unternehmen in seiner strategisch-operativen Geschäftätigkeit nicht betroffen sein sollte: Factoring kann eine solche Situation nicht verändern, da es keine derartige Krisenursache bekämpfen kann.[185]

Weiterhin sind die Abnehmer des Unternehmens von den Auswirkungen der Finanzkrise betroffen. Dies zeigt sich insbesondere durch Veränderungen der Bonität bei den Abnehmern, indem sich Zahlungsverhalten der Abnehmer verschlechtert und Forderungsausfälle ansteigen. Der Factor kann hier zumindest die Wirkungen abschwächen. Eine Unabhängigkeit vom Zahlungsverhalten der Abnehmer tritt durch die Factoringverbindung ein, wie bereits dargestellt. Ebenso übernimmt der Factor das Ausfallrisiko für seine angekauften Forderungen. Ein Teil des Ausfallrisikos wird aufgrund zu schlechter Bonität der Abnehmer allerdings beim Unternehmen verbleiben. Entgegenwirken kann der Factoringkunde nur, indem er weitere Geschäftätigkeiten mit Abnehmern schlechter Bonität einstellt. Die Bonitätsprüfung kann aber durchaus auch als Vorteil aufgefasst werden, da durch das Factoringinstitut eine objektive Beurteilung der Abnehmer erfolgt,[186] die für die zukünftige Geschäftätigkeit berücksichtigt werden kann.

Außerdem positiv festzuhalten bleibt, dass beim Factoring die Eigenkapitalquote des Unternehmens eine geringere Rolle spielt und keineswegs ein Ausschlusskriterium darstellt.[187] Dies ist für mittelständische Unternehmen besonders wichtig, da die EK-Quote bei Banken dagegen ein außerordentlich entscheidendes Kriterium bei der Kreditvergabe ist, wie bereits zu Anfang erörtert wurde. Aus dem Einsatz von Factoring resultiert indessen sogar eine verbesserte Eigenkapitalquote (in Relation zur Bilanzsumme), angestiegen durch den Abbau von Verbindlichkeiten. Die Bonität des Unternehmens steigt durch ein positiveres Rating und die Kredit-

---

[184] Vgl. Euler Hermes Kreditversicherungs-AG (2009b); siehe auch: Ohoven, M. (2009), S. 18.
[185] Vgl. Achsnick, J./ Krüger, S. (2008), S. 21.
[186] Vgl. Bette, K. (2001), S. 60.
[187] Vgl. Olbert, S. (1997), S. 79.

konditionen verbessern sich.[188] Dies geschieht in dem Umfang, in dem die Voraussetzungen für Factoring erfüllt werden. Forderungen, Produkt, Unternehmen sowie Abnehmer bestimmen letztendlich den Grad der Verbesserung durch ihre spezifischen Gegebenheiten. Der Unternehmer erhält bei erneuten Kreditverhandlungen mit Banken eine andere Position als ohne Factoring.

Zusätzlich kann das Debitorenmanagement als professionelles Forderungsmanagement gesehen werden, durch das sich das Risiko von Forderungsausfällen ebenfalls reduziert. Unmittelbare Folge ist, dass insolvenzbedrohliche Szenarien aus diesem Risikobereich vermieden werden können.

Um Factoring nutzen zu können, muss das Unternehmen jedoch eine Reihe an Kriterien erfüllen, die für eine Factoringzusammenarbeit gefordert werden. Treten bei der Machbarkeitsstudie schon massive Problembereiche auf, wird Factoring als Lösungsinstrument unter wirtschaftlichen Gesichtspunkten nicht in Frage kommen. So befinden sich die Ausschlussquoten derzeit bei 50 bis 70 Prozent.[189] Weiterhin bestimmen auch nicht ausschlusswirksame Kriterien die tatsächliche Wirkung der Factoringverbindung: einerseits über das Volumen der ankaufsfähigen Forderungen und somit den Liquiditäts- sowie Delkredereeffekt; andererseits durch die Kosten, die maßgeblich von den Gegebenheiten des Unternehmens beeinflusst werden.

So sind letztendlich die zusätzlichen Kosten entscheidend, ob eine Factoringbeziehung sinnvoll ist. Eine umfassende Kosten-Nutzen-Analyse vor Aufnahme einer Factoringbeziehung ist daher unverzichtbar. Dies geschieht meist seitens des Factors, der selbst auf eine längerfristige Geschäftsbeziehung ausgerichtet ist.[190] Am Ende muss der Nutzen bei richtiger Mittelverwendung die Kosten eindeutig überwiegen. Im Ganzen wird das Unternehmen in der Krise mit Factoring ein besseres Ergebnis erzielen können, als ohne Factoring.[191]

4.6 Empirische Ergebnisse und deren Evaluation

Um die bis hierher aufgeführten Überlegungen mit einer empirischen Untersuchung zu unterstreichen, wurde eine Befragung unter den Mitgliedern des deutschen Factoring-Verbandes e.V. durchgeführt. Dabei sollen mögliche Problembereiche

---

[188] Vgl. Creditreform (2006), S. 50.
[189] Vgl. Jumpertz, N. (2009), S. 40.
[190] Vgl. Schwarz, W. (2002), S. 67.
[191] Vgl. Haghani, S./ Stoff, I. (2009), S. 80.

und Grenzen aufgezeigt, gängige Rahmenbedingungen untersucht sowie weitere Informationen über Factoring in Deutschland herausgearbeitet werden.

4.6.1 Zielsetzung der Umfrage

Die Erhebung soll dazu dienen, Daten zu Factoringkunden und Debitoren bezüglich möglicher Probleme bei der Factoringzusammenarbeit, dem Zahlungsverhalten und weiteren Entwicklungen faktisch darzustellen. Der Status Quo soll ermittelt und kommentiert werden. Die in der Empirie festgestellten Befunde sollen als Hilfestellung dienen, wie die in den Überlegungen analysierten Probleme und Anwendungsmöglichkeiten in der Realität aussehen. Besonderes Augenmerk liegt hier auf der Betrachtung der Einsetzbarkeit von Factoring, wo und in welcher Form Probleme in der Vorbereitungs- sowie Implementierungsphase auftreten und wie viel Zeit letztendlich bis zum Vertragsabschluss verstreicht. Da hierzu in der Literatur wenig detaillierte Informationen vorhanden sind, erscheint es sinnvoll aus der Praxis Daten zu gewinnen, um den dargestellten theoretischen Rahmen zu konkretisieren. Zusätzlich sollten möglichst genau Grenzen aufgezeigt werden, um einen einschränkenden Rahmen für potenzielle Factoringkunden vorzugeben. Die Untersuchung bei den Anbietern dieser Finanzierungsform ist insofern angemessen, da diese den KMU die Voraussetzungen für eine zukünftige Factoringzusammenarbeit maßgeblich vorgeben. Zur Einordnung und Vergleichbarkeit der angegeben Daten werden zusätzlich spezifische Umsatz-, Branchen-, Kunden- sowie Debitorendaten erhoben.

4.6.2 Methodische Vorgehensweise

Die Befragung wurde unter den Mitgliedern des deutschen Factoring-Verbandes e.V. durchgeführt. Hierzu wurde ein Fragebogen mit 14 Fragen erstellt und am 23. Oktober 2009 mit freundlicher Unterstützung des deutschen Factoring-Verbandes e.V. in einem Rundschreiben an seine 26 Mitglieder verteilt. Die Auswahl der Mitglieder des Verbandes begründet ihr sehr hoher Factoringmarktanteil in Deutschland von 85 Prozent.[192] Die angeschriebenen Factoringunternehmen hatten bis zum 17.11.2009 Zeit, an der Umfrage teilzunehmen und diese wieder an den deutschen Factoring-Verband e.V. zurückzusenden. Es wurde eine Response Rate (Rücklaufquote) von fünf Fragebögen, was 19,23 Prozent entspricht, erreicht.

---

[192] Vgl. Deutscher Factoring-Verband e.V. (2009c).

Die fünf Fragebögen werden daher als 100 Prozent und somit als Basis angesehen. Sollten bei einigen Fragen unzureichende und offensichtlich nicht aussage-
kräftige Daten vorliegen, so werden diese in der nachfolgenden Analyse durch
Sekundärliteratur ergänzt und dementsprechend gekennzeichnet. Aufgrund der
geringen Anzahl der Mitglieder werden die Ergebnisse anonym dargestellt. Die
Fragen und Antworten aus dem Fragenbogen beziehen sich auf das Jahr 2008. Die
vollständigen Antworten auf die Fragebögen befinden sich im Anhang.

4.6.3 Analyse und Bewertung der Ergebnisse

Zunächst wurden allgemeine Basisdaten zu den Factoringinstituten erhoben.
Erhebliche Größenunterschiede der befragten Institute bezüglich ihres Umsatzes
werden hier deutlich. So haben die „kleinsten" Institute (A, C) einen Umsatz
zwischen 51 bis 100 Mio. Euro, die beiden „mittleren" Gesellschaften (D, E) einen
Umsatz von 101-500 Mio. Euro und das „größte" Unternehmen (B) einen Umsatz
von über 5 Mrd. Euro angegeben.

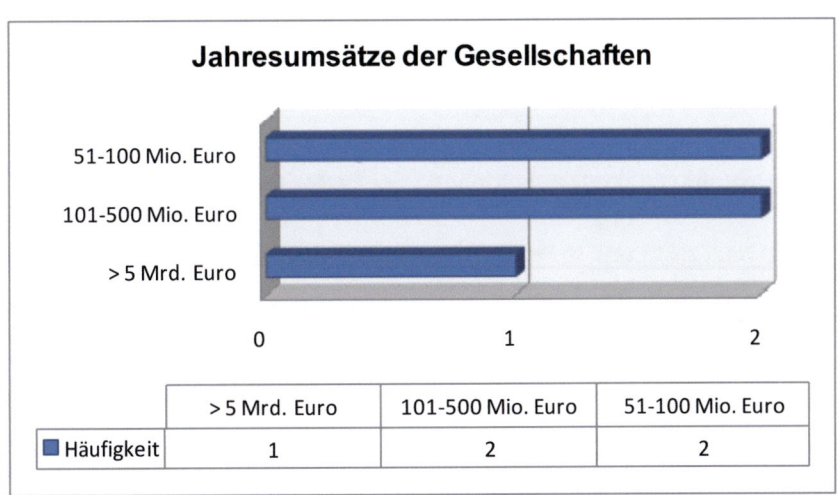

Abbildung 4: Jahresumsätze der Gesellschaften 2008[193]

Zwangsläufig sind unterschiedliche Branchen, aus denen die Kunden stammen,
vorhanden. Aber dennoch lassen sich hieraus factoringspezifische Branchenschwerpunkte erkennen. So hat sich Factoringunternehmen (E) auf den reinen
Ankauf von Forderungen aus dem Bereich der Heilberufe, von Zahnärzten, spezialisiert. Bei Factor (D) machen dagegen Forderungen aus dem Bereich der Zeitar-

---

[193] Eigene Darstellung der Antworten auf Frage 1 des Fragebogens.

beit 25 Prozent des Umsatzes aus. Wenn man von dem speziellen „Dentalfactor"
absieht, lassen sich folgende Branchenschwerpunkte festhalten: Großhandel mit
durchschnittlich 25 Prozent, gefolgt von produzierendem Gewerbe mit durchschnittlich knapp 23 Prozent und schließlich der Dienstleistungssektor mit 18 Prozent.
Abbildung 5 stellt das Ergebnis grafisch dar. Die branchenüblichen Gegebenheiten
scheinen hier besonders gut die Voraussetzungen für eine Factoringzusammenarbeit zu erfüllen.

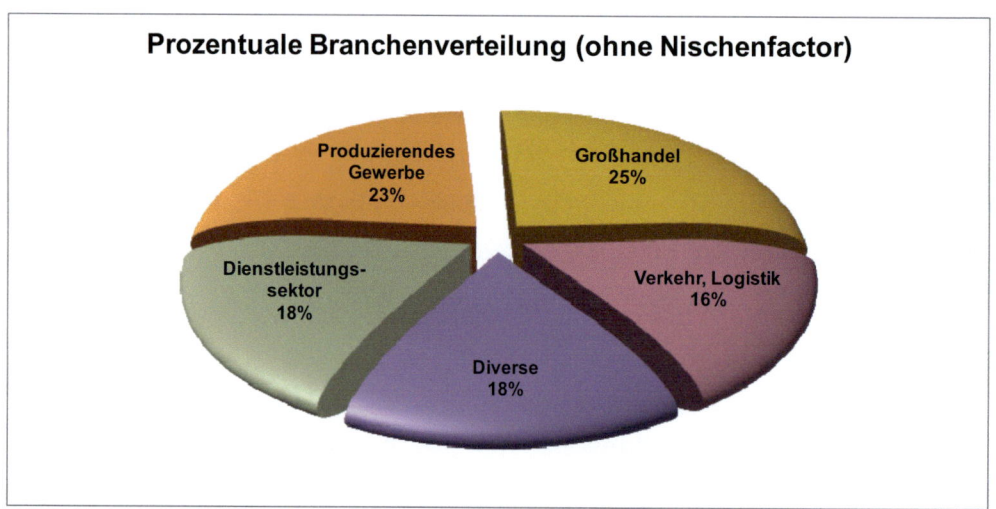

Abbildung 5: Prozentuale Branchenverteilung der Factoringkunden[194]

Unterschiede bezüglich der Kundenzahlen der befragten Factoringinstitute werden
ebenfalls erkennbar. So reicht hier die Spanne von 20 bis 50 und mehr als 1000
Kunden je Factor. In Verbindung mit der Debitorenanzahl werden ebenfalls starke
Gegensätze deutlich. So ist bei der Debitorenanzahl je Kunde bei Gesellschaft (C)
auffällig, dass Kunden durchschnittlich 80 Abnehmer haben, wohingegen Kunden
der Gesellschaft (B) einen durchschnittlichen Abnehmerkreis von 2.000 besitzen.
Dies zeigt abermals die unterschiedlichen Gegebenheiten und Heterogenität der
Kundenunternehmen und ihren Produkten auf, die durch Bonitätsprüfungen der
Debitoren und das Debitorenmanagment maßgeblich die Factoringkonditionen
beeinflussen. Im arithmetischen Mittel verfügen die befragten Institute über eine
Debitorenanzahl von ca. 600 je Kunden. Bei dieser hohen Anzahl an Abnehmern
wird deutlich, welchen Aufwand ein mittelständisches Unternehmen im Debitoren-
management bewältigen muss. Je nach Unternehmensgröße ist ein erheblicher

---

[194] Eigene Darstellung der Antworten auf Frage 2 des Fragebogens.

Grad an Professionalität nötig, um Buchhaltung, Mahnwesen sowie Inkasso effizient und effektiv betreiben zu können. Besonders bei kleineren Unternehmen wird sich daher die Professionalität eines Factoringinstituts bemerkbar machen und das Kundenunternehmen entlasten.

Um die Erhebung der Basisdaten zu den Factoringinstituten abzuschließen, wurden in einem weiteren Punkt die Factoringvarianten erfragt, die bei den Kunden Anwendung finden. Dabei ergibt sich folgendes Bild:

Factoringvarianten der befragten Unternehmen

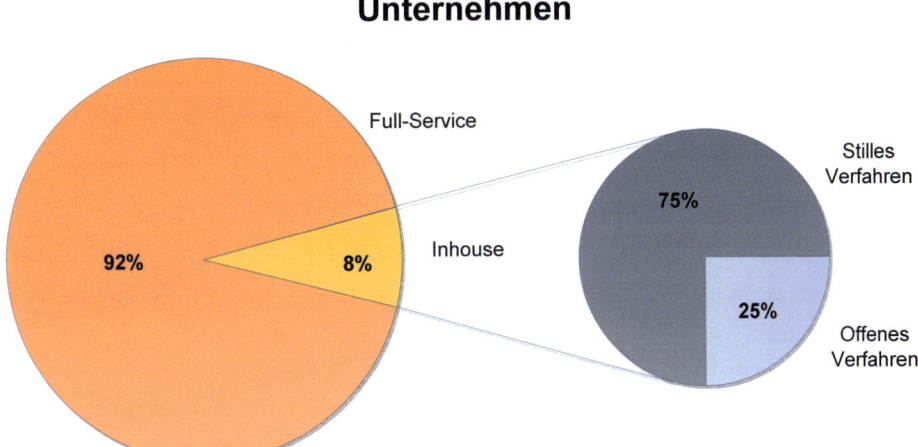

Abbildung 6: Factoringvarianten der befragten Unternehmen[195]

Hier hat sich ein sehr einheitliches Resultat ergeben, da vier der fünf befragten Institute bei ihren Kunden zu 100 Prozent Full-Service-Factoring betreiben. Lediglich Gesellschaft (B) hat angegeben, neben den 60 Prozent der Kunden im Full-Service-Factoring zusätzlich Inhouse-Factoring zu praktizieren. Von den übrigen 40 Prozent im Inhouse-Factoring werden 75 Prozent im stillen Verfahren ausgeübt. Bei immerhin 25 Prozent wird die Abtretung den Debitoren mitgeteilt. Hier kann davon ausgegangen werden, dass es sich bei diesen Kunden um Großunternehmen handelt, die ihren Abnehmern die Offenlegung der Factoringzusammenarbeit nicht verschweigen, da sie ohnehin genügend Professionalität aufweisen,[196] um das Debitorenmanagement auch separat zu bewältigen. Ebenso werden die

---

[195] Eigene Darstellung der Antworten auf Frage 10 des Fragebogens.
[196] Vgl. Perridon, L./ Steiner, M./ Rathgeber, A. (2009), S. 444.

Unternehmen bei ihren Abnehmern einen gewissen Grad an Vertrauen genießen oder aus einer mächtigen Position am Markt agieren, daher die Dienstleistungsfunktion des Factors aus Kostengründen nicht nutzen.

Ergänzend zu dieser Umfrage existiert von den Mitgliedern des deutschen Factoring-Verbandes e.V. eine vollständige Übersicht über die aktuellen Factoringvarianten. Bei dieser vollständigen Erhebung aus dem gleichen Zeitraum zeigt sich, dass Inhouse-Factoring nach dem prozentualen Umsatz vollständig dominiert und damit mehr als drei Viertel der Factoringvarianten ausmacht. Danach folgt die Variante des Full-Service-Factoring mit knapp 20 Prozent und ein kleiner Teil von gut 2 Prozent wendet das Fälligkeitsfactoring an, das bei den Ergebnissen aus den Fragebögen gar nicht genannt worden ist. Dies unterstützt die Ergebnisse aus der Umfrage und es scheint, dass besonders große, umsatzkräftige Kunden Inhouse-Factoring nutzen und auf das Debitorenmanagement des Factors nicht zurückgreifen müssen. Full-Service-Factoring wird dagegen von sehr vielen kleineren Unternehmen genutzt und stellt daher umsatzbezogen nur knapp ein Fünftel dar. Abbildung 7 stellt auf der folgenden Seite die genannten Informationen grafisch dar.

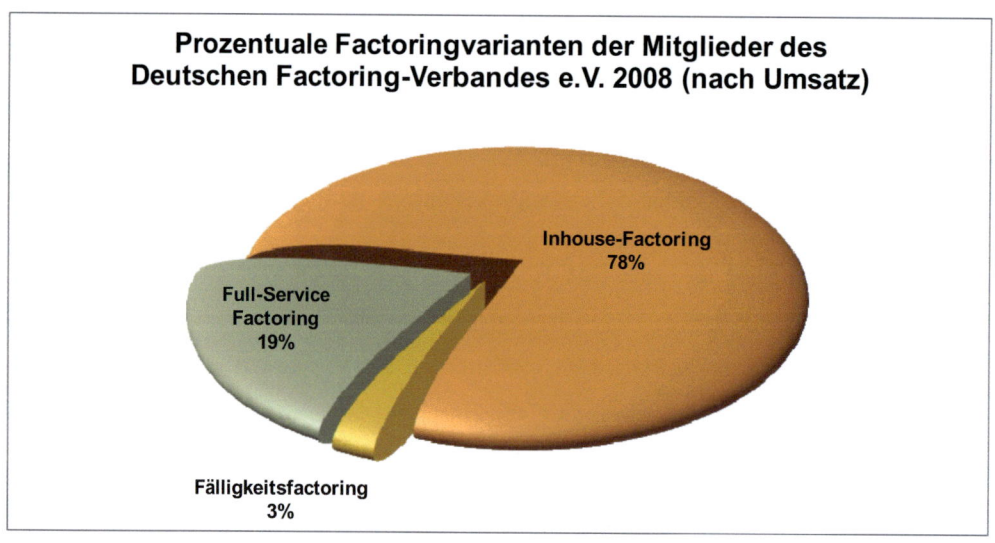

Abbildung 7: Factoringvarianten aller Mitglieder des deutschen Factoring-Verbandes (nach Umsatz)[197]

Neben der Erhebung der Basisdaten zu Factor, Kunde und Debitor bestand ein Teil der Umfrage aus einer Untersuchung zu den Zahlungszielen, die Kunden ihren

---

[197] Eigene Darstellung in Anlehnung an den Deutschen Factoring-Verband e.V. (2009d), S. 10.

Abnehmern gewähren, sowie dem tatsächlichen Zahlungsverhalten der Abnehmer. Gesellschaft (D) hat zu den eingeräumten Zahlungszielen seiner Kunden keine Angaben gemacht, daher können in der Abbildung 8 nur Antworten der übrigen Gesellschaften präsentiert werden.

Auffällig bei den Ergebnissen zu dieser Frage ist, dass im Durchschnitt gut 67 Prozent der Unternehmen ihren Abnehmern ein Zahlungsziel zwischen 30 und 45 Tagen einräumen. Bei Gesellschaft (E) besteht sogar bei allen Kunden und deren Abnehmern ein Zahlungsziel von 30 Tagen. Lediglich bei Gesellschaft (B) räumt mehr als die Hälfte der Kunden ihren Abnehmern ein Zahlungsziel von unter 30 Tagen ein. Eine Frist von 46 bis 60 Tagen zur Forderungsbegleichung wird durch-schnittlich immerhin gut 8 Prozent der Abnehmer eingeräumt. Die weiteren Auftei-lungen, über 60 Tage und über 120 Tage, spielen dagegen kaum ein große Rolle und lediglich wenige Kunden von Gesellschaft (B) räumen ihren Abnehmern noch ein Zahlungsziel in diesem Bereich ein. So liegt der Fokus deutlich auf den ersten 45 Tagen, da in diesem Bereich knapp 90 Prozent der gesamten Zahlungsziele eingeräumt werden.

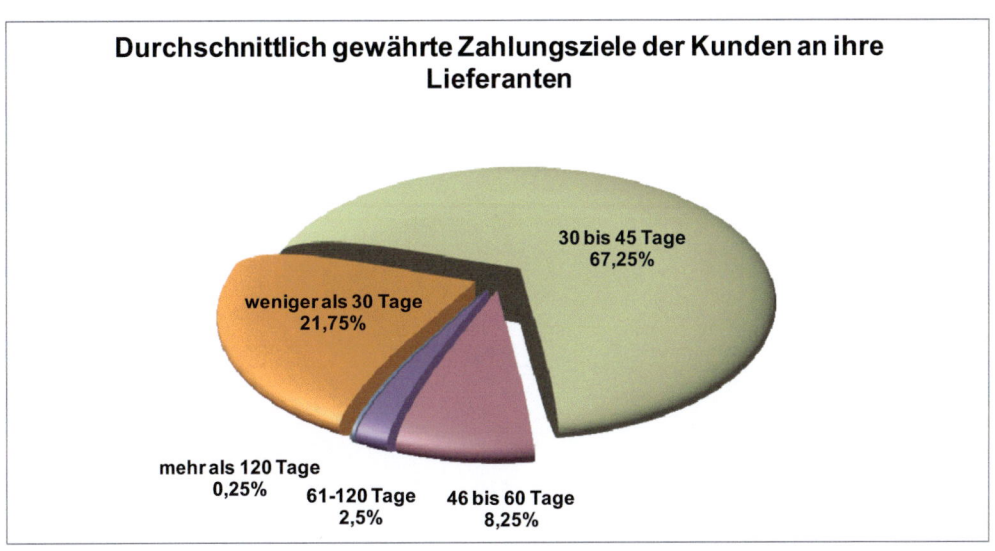

Abbildung 8: Durchschnittlich gewährte Zahlungsziele der Kunden[198]

Nicht unwesentlich sind hier strukturelle Besonderheiten und Branchen, aus denen die Kunden und Abnehmer stammen. So weisen besonders Industrie und Trans-portgewerbe längere Zahlungsziele auf. Aber auch Auslandsforderungen und

---

[198] Eigene Darstellung der Antworten auf Frage 8 des Fragebogens.

Forderungen gegen kleinere Unternehmen haben üblicherweise eine andere Altersstruktur, die sich im Zuge der Krise noch weiter verschlechtert hat.[199] Wichtig ist dies insofern, da sich ein längeres Zahlungsziel auf die Finanzierungsfunktion des Factors auswirkt. Je längere Zahlungsziele das Unternehmen seinen Abnehmern einräumen muss, desto stärker profitiert dieser von der Bevorschussung der Forderungen und der damit zusätzlichen Liquidität. Sollten die eingeräumten Zahlungsziele allerdings zu kurz sein, so lohnt es sich weder wirtschaftlich für Factor noch für das mittelständische Unternehmen, auf die Finanzierungsfunktion zurückzugreifen. Bei zu langen Zahlungszielen würde dagegen der Zinsaufwand für den Kunden zu hoch werden und Factoring als Finanzierungsbaustein nicht mehr rentabel erscheinen, wie bereits in Kapitel 4 erläutert wurde. So wird aus der Praxis deutlich, dass bei der überwiegenden Mehrheit der Unternehmen die Zahlungsfristen so ausgelegt sind, dass die Finanzierungsfunktion beim Factoring ihren positiven Liquiditätseffekt entfalten kann.

In Zusammenhang mit den gewährten Zahlungszielen wurde im Fragebogen eine weitere Frage zum tatsächlichen Zahlungsverhalten der Debitoren gestellt. Die Factoringgesellschaften sollten angeben, wann die Zahlung der Debitoren wirklich eintrifft. Hierbei sind folgende Ergebnisse zu beobachten:

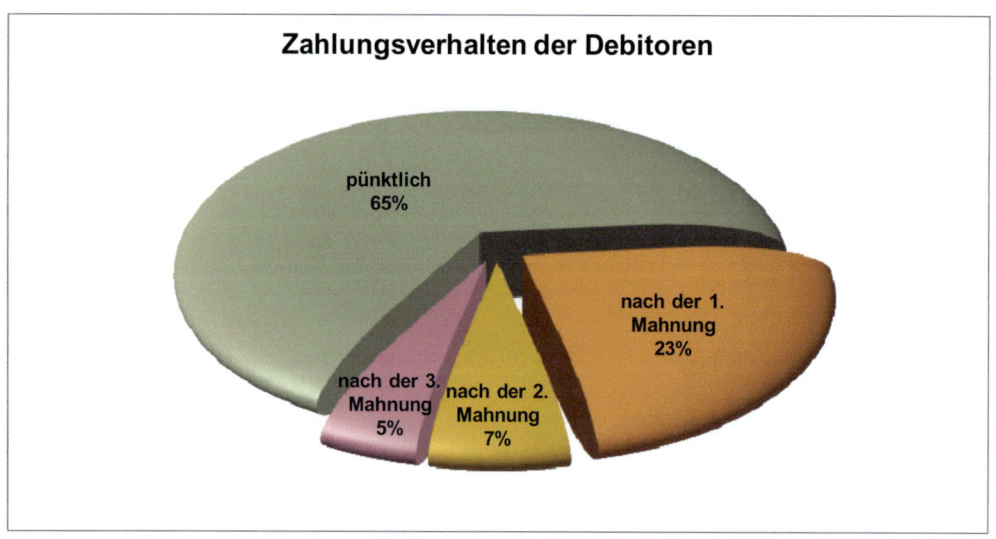

Abbildung 9: Durchschnittliches Zahlungsverhalten der Abnehmer[200]

---

[199] Vgl. Creditreform (2009a), S. 2f.
[200] Eigene Darstellung der Antworten auf Frage 9 des Fragebogens.

Im Durchschnitt begleichen etwa 65 Prozent der Debitoren ihre Verbindlichkeiten pünktlich und immerhin weitere 23 Prozent nach Erhalt der ersten Mahnung. Bei durchschnittlich 7 Prozent bedarf es einer zweiten Mahnung und die restlichen 5 Prozent benötigen sogar eine dritte Zahlungserinnerung. Ausgenommen sind hier die Kunden, die gar nicht dem Forderungsausgleich nachkommen. Dieses Resultat zeigt eindeutig, dass zwar fast zwei Drittel im Rahmen der Vereinbarung zahlen, aber dass trotzdem bei 35 Prozent der Abnehmer die Zahlung nicht fristgerecht erfolgt und diese verstrichene Zeit wiederum auf die vereinbarten Zahlungsziele addiert werden muss, um den tatsächlichen Zahlungseingang für ein Unternehmen ohne Factoring zu bestimmen. Außerdem ist aus der detaillierten Ansicht (Tabelle 6 am Ende der Analyse) zu beobachten, dass je länger die eingeräumten Zahlungsziele sind, desto besser sieht das Zahlungsverhalten der Abnehmer aus.

Die positive Wirkung des Factoring für das Unternehmen lässt sich anhand dieser Daten hervorragend verfolgen. Die Kombination von eingeräumten Zahlungszielen und der tatsächlichen Zahlung zeigt die Abhängigkeit der Unternehmen von ihren Abnehmern. Factoring verhilft hier dem Unternehmen durch die Bevorschussung der Forderungen in besonderem Ausmaß. Andernfalls können die Folgen drastisch ausfallen, die im schlimmsten Fall in Liquiditätsengpässen - begünstigt durch Krisenphasen wie der Finanzkrise - enden können. Aber auch unter dem Gesichtspunkt der Rentabilität kann sich das unzuverlässige Zahlungsverhalten der Abnehmer durch z.B. entgangene Skontierungsmöglichkeiten oder höhere kurzfriste Zinsen bemerkbar machen, wie bereits ausführlich erörtert wurde.

Neben einem unbefriedigenden Zahlungsverhalten gibt es allerdings auch Abnehmer, die nicht verspätet, sondern aufgrund von Zahlungsunfähigkeit überhaupt nicht ihre Forderungsschulden begleichen werden. An dieser Stelle greift die ebenfalls bereits erläuterte Delkrederefunktion. Es ist daher interessant zu untersuchen, wie oft dieser Fall bei den Factoringinstituten eintritt. In diesem Fall macht es Sinn, die absolute Anzahl der Delkrederefälle der Factoringgesellschaften in Relation zur Anzahl der Debitoren zu setzen, um herauszufinden, wie häufig Zahlungsausfälle je Debitor vorkommen. Bei dem Ergebnis dieser Vorgehensweise ergibt sich ein unterschiedliches Bild. So fällt bei Gesellschaft (E) durchschnittlich bei jedem 300. Debitor ein Delkrederefall an. Bei Gesellschaft (D) hingegen kommt ein Delkrederefall gerade einmal auf knapp jeden 2.800. Debitor. Bei den anderen drei Gesellschaften liegen die Ergebnisse dagegen deutlich enger zusammen und man kann hier insgesamt durchschnittlich bei jedem 650. Debitor mit einem Delkrederefall rechnen.

Im Ganzen sehen diese Zahlen verglichen mit den zu Anfang dargestellten Daten weniger bedrohlich und recht positiv aus. Allerdings bleibt hier zu beachten, dass der Factor bereits vor Ankauf der Forderungen die Bonität der Debitoren beurteilt und dementsprechend aussortiert. Die unbereinigten Zahlen je Unternehmen können daher durchaus vollständig anders aussehen.

Vorteilhaft betrachtet, kann das Unternehmen den Factor allerdings dazu nutzen, bonitätsstarke Abnehmer von bonitätsschwachen zu trennen und die vom Factor bereitgestellten Informationen zu seinen Abnehmern als Teil des Risikomanagements zu betrachten und damit sein zukünftiges Abnehmerportfolio zu „bereinigen".[201] Auch wenn diese aufgrund des oftmals langjährigen Vertrauens zwischen Abnehmern und Kunde schwerfällt.[202] Möglicherweise ist dies auch bei den vorliegenden Unternehmen geschehen.

Aus nachteiliger Perspektive bleibt jedoch zu vermuten, dass kurzfristig dem Unternehmen bei Forderungsausfällen nicht geholfen werden kann, wenn viele Abnehmer bereits schlechte Bonität aufweisen und das Factoringinstitut daher die Forderungen an diese Abnehmer gar nicht erst ankauft und somit das Risiko der eigentlichen risikobehafteten Forderungen beim Factoringkunden verbleibt. In einer Krisensituation kann in diesem Fall dem Unternehmen nur bedingt geholfen werden, wenn Debitorenlimite zu knapp bemessen sind oder Debitoren vollständig ausgeschlossen werden. Um hier allerdings fundierte Aussagen treffen zu können müssten tiefergreifende Daten zu den jeweiligen Unternehmen vorhanden sein.

Weiterhin wird ersichtlich, dass die durchschnittlichen Beträge der Delkrederefälle je Factor ebenfalls sehr unterschiedlich ausfallen. Bei Gesellschaft (E) fallen je Delkrederefall im Durchschnitt 300 Euro, bei Gesellschaft (D) dagegen 9.368 Euro an. Im Fall von Gesellschaft (E) ist der niedrige Betrag sicherlich aufgrund der Branchenzugehörigkeit und der Tatsache, dass es sich um Business-to-Consumer Factoring handelt, zu erklären, da in diesem Bereich Rechnungsgrößen vergleichbar gering scheinen. Unterstützt wird diese Aussage durch die sehr hohe Debitoren- sowie Kundenzahl dieses Factors, da quantitative Merkmale eine wichtige

---

[201] Vgl. Bette, K. (2001), S. 60.
[202] Vgl. Jumpertz, N. (2009), S. 42.

Rolle spielen. Logisch erscheint die unterschiedliche Höhe der Delkrederefälle ansonsten durch die verschiedenen Rechnungsgrößen der angekauften Forderungen oder aber durch ein alternatives Risikomanagement bzw. eine andere Risikostrategie bei der Bonitätsbewertung der Debitoren. Der durchschnittliche Betrag je Delkrederefall bei allen Gesellschaften kombiniert liegt bei knapp 4.000 Euro. Beträge in dieser Höhe können je nach Unternehmensgröße dementsprechend einschränkend auf die vorhandene Liquidität und Rentabilität wirken, wobei es sicherlich auch auf die Häufigkeit eines Forderungsausfalls ankommt. Aber gerade bei kleineren mittelständischen Unternehmen wird daher sichtbar, dass sie auf eine Art „Versicherung" gegen Forderungsausfälle definitiv zurückgreifen sollten, um in der derzeitig schwierigen Finanzierungssituation nicht noch weiter in eine Notlage zu geraten.[203] Auch in diesem Zusammenhang kann der Aspekt der Bereinigung des Abnehmerportfolios noch einmal erwähnt werden.

Als weiterer Bereich in der Umfrage sollten direkte Probleme zwischen Factor und Unternehmen untersucht werden. Hier ging es um Komplikationen, die bereits in der Vorbereitungsphase (Akquisitionsphase aus Sicht des Factors) sowie in der späteren Implementierungsphase zwischen Factor und Kundenunternehmen auftreten. Bei diesen beiden offenen Fragestellungen hat Gesellschaft (E) keine Angaben gemacht. Auf die erste Frage bezüglich der Probleme in der Vorbereitungsphase antworteten die Factoringunternehmen sehr allgemein. Eines der hauptsächlichen Hemmnisse stellt ein vereinbartes Abtretungsverbot zwischen Kunde und Abnehmer dar. Drei der vier Factoringgesellschaften haben dies angegeben. Auch wenn die Rechtssprechung in dem Fall für eine rechtskräftige Forderungsabtretung entschieden hat, wie aufgezeigt wurde, so scheint die Abtretungsproblematik trotzdem in der Praxis weiterhin vorhanden zu sein. Besonders in der oftmals engen und persönlichen Beziehung zwischen Unternehmen und Abnehmer[204] können Unstimmigkeiten auftreten und der Abnehmer mag eine Abtretung unter Umständen mit einem Vertrauensbruch zwischen ihm und seinem Lieferanten werten. Für den Factor entsteht insofern ein Problem, dass Debitoren gegen die Abtretung hilflos sind, trotzdem aber mit schuldbefreiender Wirkung an den Kunden zahlen können. Dadurch wird beim Factor ein Weiterleitungsrisiko kreiert und führt seine Kunden in Versuchung, eingegangene Zahlungen bei

---

[203] Vgl. Hölper, S. (2009), S. 43.
[204] Vgl. Jumpertz, N. (2009), S. 42.

Liquiditätsengpässen erst einmal festzuhalten.[205] Allerdings könnte der Factor das Problem auf sein Kundenunternehmen wiederum abwälzen, in dem die Konditionen, z.B. durch einen höheren Sicherheitseinbehalt auf Forderungen oder einen vollständigen Ausschluss des Debitors, angepasst werden.

Im Rahmen der Debitorenproblematik werden weiterhin Zentralregulierer als ein mögliches Hindernis genannt. Die unter dem Dachverband zusammengeschlossenen Unternehmen können im Einkauf und bei der Abwicklung der Zahlungen bessere Konditionen erreichen (daher Zentralregulierer).[206] Für den Factor bedeutet dies aber eine administrative Mehrarbeit und stärkere Beachtung der Prioritätsgrundsätze.[207] Durch die administrative Mehrarbeit können sich die Kosten für Factoring wiederum erhöhen.

Weiterhin wird von Problemen bei der Forderungsfreigabe durch Banken berichtet. Möglicherweise haben Unternehmen schon im Vorfeld im Rahmen eines Zessionskredits Forderungen an eine Bank abgetreten. Die Forderungen stellen eine Sicherheit für die Bank dar,[208] die durch eine Forderungsabtretung an den Factor zu einer Kollision führen wird. Hier gilt das Prioritätsprinzip,[209] und eine Factoringzusammenarbeit ist unter diesen Umständen nur möglich, wenn die Bank die Forderungen freigibt. Unter Umständen kann das Verhältnis zur Bank in Mitleidenschaft gezogen werden, da im Kreditrahmen auch die Forderungen eine Sicherheit darstellen können.

Genauso häufig wird die Bonität angesprochen. Es zeigt sich eine Bestätigung der theoretischen Überlegungen, dass Factoringgesellschaften eine äußerst genaue Kreditwürdigkeitsprüfung ihrer potenziellen Kunden und vor allem Debitoren vornehmen, um auszuschließen, dass diese Factoring als vorübergehenden Rettungsanker suchen und eine drohende Zahlungsunfähigkeit aufschieben möchten. Darüber hinaus gibt dies zu erkennen, dass auch seitens dieser alternativen Finanzierungsform strenge Bonitätsrestriktionen auftreten und damit Factoring nicht bei mittelständischen Unternehmen mit zu schwacher Bonität als Lösung in der Krise angesehen werden kann. Sollte die Wirtschaftlichkeit des Unternehmens in Mitleidenschaft gezogen worden sein, so wird der Factor dementsprechend

---

[205] Vgl. Brink, U. (1997), S. 184f.
[206] Vgl. Schwarz, W. (2002), S. 45.
[207] Vgl. Deutscher Factoring-Verband e.V. (2009a)
[208] Vgl. Perridon, L./ Steiner, M./ Rathgeber, A. (2009), S. 426.
[209] Vgl. Bette, K. (2001), S. 111.

vorsichtig handeln und beim Ankauf von Forderungen seine Risikoposition genau abwägen.

Desweiteren werden Mängel über eine intransparente Buchhaltung genannt. Der Factor erstellt anhand der Informationen seines Kunden ein Urteil sowie die Konditionen für den Factoringvertrag zusammen. Bei nicht nachzuvollziehenden Daten wirkt sich die Intransparenz der Vergangenheit negativ auf den Kunden aus. So lässt sich daraus vermuten, dass unvollständige Unterlagen oftmals die Anbahnung beim Factoringvertrag erschweren und infolgedessen hinauszögern. Trotzdem kann dies auch eine Chance für das Unternehmen sein, auf Fehler und Unklarheiten in der Buchhaltung aufmerksam zu werden und diese in Zukunft anders handzuhaben. Ein mögliches Verbesserungspotenzial wird deutlich.

Ferner werden auch Angaben konkreter Natur gemacht, wie z.B. dass die Schnittstelle zur Rechnungsdatei fehlt. Damit ist gemeint, dass beim Kunden keine ausreichende EDV-Ausstattung vorhanden ist. Dieses Problem sollte durch technische Ausstattung jedoch zu lösen sein. Beim Factoringkunden und Factor werden unter Umständen Anpassungen beim Buchhaltungssystem an die Factoringsoftware und das Factoringsystem vorgenommen, so dass eine reibungslose Verbindung zum Datenaustausch zwischen Factor und Kunde entsteht. Allerdings muss dann bei der Implementierung mit zusätzlichen Kosten gerechnet werden.

Als letzter Punkt zu dieser Frage wird zunehmender Wettbewerb angegeben. Dies erklärt sich durch den in den letzten Jahren enorm wachsenden Factoringmarkt von selbst. Allein die Wachstumsrate 2008 betrug über 30 Prozent und das Marktvolumen liegt mittlerweile bei über 125 Mrd. Euro.[210] Dieser Punkt ist aus Sicht der KMU jedoch wünschenswert und kann daher eher als ein Vorteil gesehen werden, da sich die wachsende Konkurrenz der Factoringinstitute untereinander in günstigeren Konditionen widerspiegeln sollte.

Neben der Vorbereitungsphase wurden in dem Fragebogen auch Probleme hinterfragt, die während der Implementierungsphase zwischen Factor und Kunde auftreten. Zweimal wurden Probleme bei der Kreditlimitvergabe angesprochen (Gesellschaft (B) und (D)). Gesellschaft B macht für das Problem die Kreditversicherungen verantwortlich, die ihrerseits restriktiver handeln und weniger Risiko eingehen möchten. Daher kann der Factor einen zur Ausfallabsicherung einge-

---

[210] Vgl. Wassermann, H. (2009), S. 181.

räumten Kreditrahmen auch nur in dem Umfang an den Kunden weitergeben, in dessen Rahmen er diesen von den Kreditversicherern selbst eingeräumt bekommt.

Gesellschaft (D) hingegen spricht von einer aktiven Ablehnung der durch die Kunden angefragten Warenkreditlimite. Vermutlich lässt die Bonität oder das bisherige Zahlungsverhalten der Abnehmer eine Erweiterung des Kreditrahmens aus Sicht des Factors nicht zu. Ebenso kann eine zu hohe Konzentration, d. h. eine zu hohe Abhängigkeit von einem einzelnen Debitor und der damit erhöhte Risiko-grad eine Begrenzung des Limits zur Folge haben. Im Extremfall kann auch hier eine Ablehnung des angefragten Limits erfolgen. Anhand der dargelegten, aktuellen Sachlage, ist eine Abhängigkeit von einzelnen Debitoren risikoreich, da eine Insolvenz dieser bedrohlich für das Unternehmen selbst werden kann. Aber auch generell räumt eine zu starke Abhängigkeit dem Abnehmer eine zu hohe Macht gegenüber dem Unternehmen ein. In der Theorie wird diesem Problem weniger Beachtung geschenkt, sondern es wird davon gesprochen, dass nur ein Bruchteil des eingeräumten Kreditrahmens ausgenutzt wird.[211] Hier zeigt sich aber in der Praxis, dass ein Factoringkunde durchaus mit Einschränkungen zu rechnen hat. Wie sich diese im Endeffekt allerdings genau auswirken und wie viel Prozent der Forderungen oder Debitoren betroffen sind, lässt sich womöglich nur erneut anhand einer individuellen Unternehmenssituation aufzeigen.

Eine weitere Problematik stellt Gesellschaft (A) zufolge die Reklamations-bearbeitung dar. An dieser Stelle werden Probleme durch Minder- oder Schlecht-leistung angesprochen. Der Factor hat den vereinbarten Prozentsatz der Forderung schon an seinen Kunden überwiesen und es tritt eine Reklamation seitens des Debitors auf. Der Forderungsbetrag muss in Absprache mit dem Kunden nachträg-lich neu fakturiert und dementsprechend angepasst werden. Besonders wenn der einbehaltene Betrag auf dem Sperrkonto zu gering ist, stellt dies zusätzlichen Aufwand für die Buchhaltung und das Debitorenmanagement für Factor und Unternehmen dar.

Ferner werden Zahlungsprobleme der Kunden aufgrund von Ertragseinbußen als Problematik diagnostiziert. Dies lässt eine mangelhafte Verwendung der freigewor-denen Liquidität bzw. eine unzureichende Planung vermuten. Sofern dieser Punkt zutrifft, könnte durch eine professionelle Finanzplanung eine exakte Verwendung

---

[211] Vgl. Bette, K. (2001), S. 60.

der zusätzlichen Mittel bestimmt werden und Abhilfe schaffen. Auf der anderen Seite können natürlich auch weitere Einflüsse aus der Umwelt zu den Vertragseinbußen geführt haben (z.B. Nachfrageschwäche).

Von der gleichen Gesellschaft wird ebenfalls noch angesprochen, dass eine zu geringe Personalausstattung bei den Kunden die Qualität der Bearbeitung mindert. Außerdem werden das verspätete Einreichen von betriebswirtschaftlichen Auswertungen (BWA) sowie die verspätete Weiterleitung von Direktzahlungen vom Debitor an den Kunden genannt. Diese beiden Punkte stellen in erste Linie Probleme für den Factor, aber weniger für den Kunden dar, da der Factor anhand der BWA kontrollieren kann, ob dieser alle Forderungen zum Ankauf einreicht. Wenn der Kunde die Zahlung vom Debitor an den Factor weiterleitet, kann er innerhalb von zwei Tagen mit dem vereinbarten Prozentsatz der Forderungssumme rechnen. Für den Factor ergibt sich zunächst sicherlich eine offene Risikoposition, da er den Eingang von Direktzahlungen nicht kontrollieren kann und auf die Angaben des Kunden angewiesen ist. Die BWAs des Kunden dienen ebenfalls vorwiegend dem Factor als Kontrollposten über die Bonität des Kunden. Durch verspätetes Zusenden der BWA kann für das Unternehmen insofern nur der Nachteil entstehen, dass der Factor den Kunden hinsichtlich Vertrauen und Verlässlichkeit abstuft und dies in seine Kreditwürdigkeitsbewertung mit einfließen lässt.

Schließlich wird zuletzt angesprochen, dass ein eingeschränkter Länderkatalog zu Problemen in der Praxis führt. Dieses Problem kann im Voraus vermieden werden, indem der Kunde über Restriktionen bezüglich Regionen oder Ländern seitens des Factors informiert wird und dies im Konditionenblatt festgelegt wird. Ebenso sollte der Kunde dem Factor mitteilen, ob in Zukunft durch eine Expansion ein internationales Geschäftsfeld erschlossen werden soll. Die hier genannten Probleme scheinen, sofern sie vom Kundenunternehmen allein zu verantworten sind, auch durch eine sinnvolle Organisation und Offenheit gegenüber dem Factor überwiegend lösbar. Gerade bei mittelständischen Unternehmen ist diese Offenheit gegenüber dem Factor gewöhnungsbedürftig, jedoch kann nur durch eine zeitgerechte und vollständige Informationsübertragung der Factor auf Veränderungen beim Kunden eingehen und helfen, bei negativen Auswirkungen gegenzusteuern.

Außerdem sollte in der Umfrage überprüft werden, wie kurzfristig die Finanzierungsalternative Factoring einsatzbereit ist und dem Unternehmen effektiv von Nutzen ist. Hierbei wurde die Dauer vom Kundenerstkontakt bis zum Vertragsabschluss sowie die Dauer vom Vertragsabschluss zur Kundenerstauszahlung untersucht. Die Factoringunternehmen sollten jeweils die durchschnittliche Dauer in Tagen angeben.

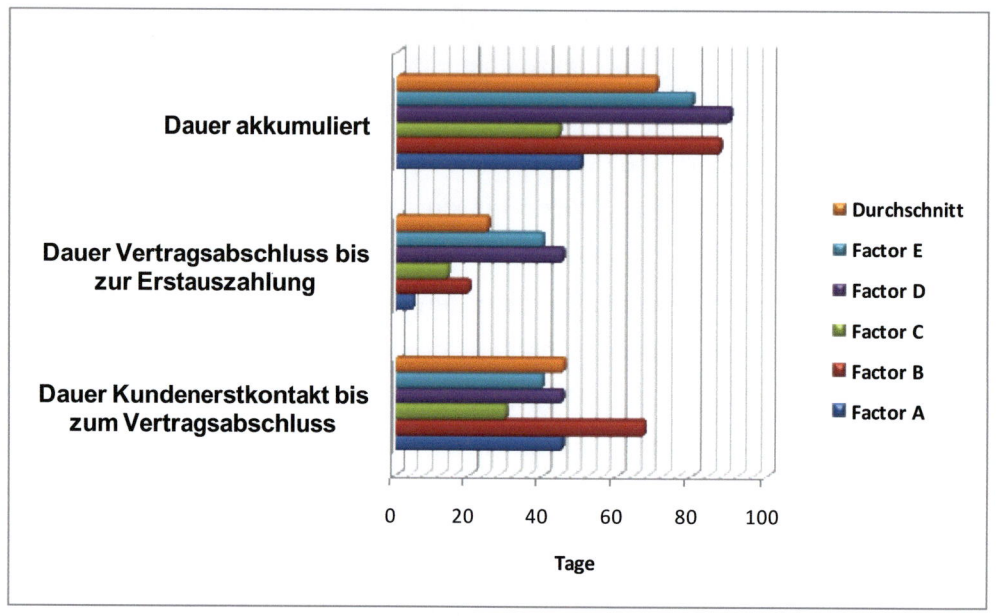

Abbildung 10: Zeitraum vom Kundenerstkontakt bis zur Kundenerstauszahlung[212]

Das Ergebnis in Abbildung 10 bei den untersuchten Unternehmen zeigt, dass es durchschnittlich 41 bis 50 Tage dauert bis ein Vertragsabschluss zustande kommt. Gesellschaft (C) hat hier mit durchschnittlich 30 Tagen den geringsten Wert angegeben und braucht damit nur ungefähr einen Monat, um den Vertragsabschluss zu realisieren. Gesellschaft (B) verzeichnet hier eine Spannweite von 45 bis 90 Tagen und braucht damit im Extremfall am längsten. Doch für den potenziellen Factoringnehmer ist besonders entscheidend, wann die Wirkung von Factoring letztendlich eintritt und nicht wann der Vertrag geschlossen wird. Nach Vertragsabschluss verstreichen zunächst noch einige Tage oder Wochen, bis die erste Forderung angekauft und der Betrag an den Kunden ausgezahlt wird. Daher erscheint diese zweite Frage sinnvoll. In diesem Fall beträgt das Ergebnis durchschnittlich 23 bis 26 Tage, also die zeitliche Dauer vom Vertragsabschluss bis zur Erstauszahlung an das Unternehmen. Die geringste Zeit verstreicht bei Gesellschaft (A), die durchschnittlich nur 5 Tage benötigt. Den längsten Zeitraum dagegen braucht Gesellschaft (D), mit durchschnittlich 45 Tagen. Auf den gesamten

---

[212] Eigene Darstellung der Antworten auf Fragen 11 und 12 des Fragebogens.

Prozess bezogen, also von der Akquisition bis zum Vertragsabschluss und dann der Kundenauszahlung vergehen damit durchschnittlich zwischen 64 und 76 Tagen, bis der Kunde von der Wirkung des Factoring profitiert.

Wie die Auswertung zeigt, werden enorme Unterschiede bei den verschiedenen Factoringgesellschaften deutlich. So benötigt Gesellschaft (C) den Angaben zufolge gerade einmal durchschnittlich 44 Tage vom Kundenerstkontakt bis zum Ankauf und Auszahlung der Forderung, während bei Gesellschaft (D) hingegen durchschnittlich 90 Tage zu Buche schlagen. Bei Gesellschaft (B), die einen durchschnittlichen Zeitraum angegeben hat, kann es sogar im Extremfall 120 Tage betragen und somit fast dreimal so lang wie bei Gesellschaft (C).

Dieses Ergebnis zeigt, dass die zeitliche Einsatzbereitschaft von Factoring je nach Factoringgesellschaft sehr stark variieren kann. Hier mag diskutiert werden, bei welcher Interaktion und welchem Vertragspartner die meiste Zeit verstreicht. Factoringgesellschaften werden sicherlich argumentieren, dass viele der möglichen „Zeitfresser" beim Kunden zu beanstanden sind, wie dies auch bei der Nennung der auftretenden Probleme in der Vorbereitungsphase zu sehen war. Ebenso wird ein Unternehmen den Factor für eine zu langsame Bearbeitung und Prüfung der Unterlagen eine Teilschuld anlasten. Insgesamt sind dies aber nur Vermutungen und auch die weiteren Intermediäre, wie Banken, Versicherungen und Debitoren, spielen sicherlich eine nicht geringe Rolle. Auch kundenspezifische und individuelle Anforderungen werden es dem Factor nicht immer leicht machen, das Produkt problemlos umzusetzen.

Generell betrachtet zeigt dieses Ergebnis allenfalls, dass mittelständische Unternehmen neben Faktoren wie dem Preis-/Leistungsverhältnis und einem finanziellen Hintergrund[213] auch der Umsetzungsdauer bei der Wahl des Factors genügend Aufmerksamkeit widmen sollten. Damit wird klar, dass die Wahl des Factors und die damit verbundene Umsetzungsphase von nicht geringer Bedeutung ist. Je nach Strategie und Situation des Unternehmens, besonders in Phasen restriktiver Kreditvergaben seitens der Banken, ist es daher enorm wichtig sich frühzeitig mit dem Thema auseinanderzusetzen. Da wie zuvor erörtert, durchschnittlich mindestens knapp zwei Monate vergehen bis das Finanzierungsprodukt Factoring einsatzbereit ist und Wirkung zeigt. Hiermit bestätigt sich der theoretische Hintergrund

---

[213] Vgl. Schwarz, W. (2002), S. 67f.

außerdem, dass Factoring keineswegs dazu geeignet ist, als ein alleiniger Rettungsanker für notleidende Unternehmen zu dienen und nicht in den strategisch-operativen Bereich der Unternehmensführung eingreifen kann.[214]

Gegen Ende des Fragebogens wurde auf die Rahmenbedingungen in einer offenen Matrix auf quantitative Eingrenzungen eines potenziellen Factoringkunden eingegangen. Es sollten jeweils Mindestanforderungen sowie Grenzen (falls vorhanden) bezüglich Jahresumsatz, Anzahl der Rechnungen im Monat, Höhe der Rechnungen, Zahlungsziele sowie Debitorenanzahl erfragt werden. Der dargestellte, umfassende Katalog an Voraussetzungen, die ein Unternehmen für eine Factoringzusammenarbeit erfüllen muss, sollte hier quantitativ bestätigt oder widerlegt werden. In diesem Fall werden von Gesellschaft (E) keine Angaben gemacht. Beim Jahresumsatz des potenziellen Kunden ist auffällig, dass Gesellschaft (A) und (C) einen Mindestumsatz von 200.000 Euro erfordern, Gesellschaft (D) mit 250.000 Euro ein wenig mehr. Gesellschaft (B) sieht dagegen für ihr Produkt die Mindestanforderungen erst bei 2.500.000 Euro erfüllt. Ebenso ähnlich verhält es sich bei dem maximalen Umsatzvolumen. Gesellschaft (A) und (C) sehen ihr Maximum bei einem Jahresumsatz von 10.000.000 Euro erreicht. Gesellschaft (B) und (D) dagegen haben hier keine Grenzen vereinbart.

Dieses Resultat zeigt, dass sich Gesellschaft (A) und (C) besonders auf kleinere mittelständische Unternehmen spezialisiert haben. Gesellschaft (D) umfasst den gesamten Mittelstand und hat demnach keine maximalen Grenzen festgelegt, was vermuten lässt, dass hier der Fokus auch auf größeren Unternehmen liegt. Gesellschaft (B) hat sich auf den mittleren und größeren Mittelstand sowie Großunternehmen spezialisiert und ebenfalls nach oben hin keine weiteren Einschränkungen festgelegt. Überraschend wirkt dieses Ergebnis auf den Mindestumsatz bezogen, da in der Literaturanalyse zuvor viel höhere Mindestumsatzsummen genannt worden sind. Als Folge kann der quantitative Rahmen für factoringgeeignete Unternehmen erweitert werden, und auch für viel kleinere, umsatzschwächere Unternehmen kommt diese Finanzierungsart somit in Betracht.

Bei der Anzahl der monatlichen Rechnungsgrößen haben lediglich Gesellschaft (A) und (C) Angaben gemacht. Gesellschaft (A) definiert eine Mindestanzahl von 20 Rechnungen im Monat und sieht das Maximum bei 100.000 Rechnungen im Monat

---

[214] Vgl. Achsnick, J./ Krüger, S. (2008), S. 21.

erreicht. Gesellschaft (C) hingegen definiert kein Minimum, sieht das Maximum allerdings schon bei 10.000 Rechnungen im Monat erreicht. Eine Mindestanzahl von Rechnungen sollte aus wirtschaftlicher Sicht erreicht werden. Auf die Gründe ist bereits mehrfach eingegangen worden.

Bei der Höhe der Rechnungen haben ebenfalls nur Gesellschaft (A) und (C) Mindestanforderungen und Grenzen definiert. So sieht Gesellschaft (A) eine Mindestrechnungsgröße von 250 Euro notwendig und die maximale Höhe einer ankauffähigen Rechnung bei 150.000 Euro. Gesellschaft (C) sieht ebenfalls 250 Euro als Minimum, hat dagegen allerdings keine maximale Rechnungshöhe definiert. Ähnliche Ursachen wie bei der Anzahl der Rechnungen sind hier offensichtlich der Grund für die Eingrenzungen. Aus Sicht des Factors ist bei sehr hohen Rechnungssummen ein möglicher Delkrederefall sicherlich auch unter dem Risikoaspekt bedeutend. Allgemein haben sich hier die Daten aus der Literatur bestätigt und sind noch einmal spezifisch genannt worden.

Bei den Anforderungen an die vom Kunden eingeräumten Zahlungsziele hat Gesellschaft (A) eine Mindestanzahl von 20 Tagen definiert. Alle anderen Gesellschaften haben diesbezüglich keine Angaben gemacht. Das maximale Zahlungsziel, das Unternehmen ihren Abnehmern einräumen dürfen beträgt meistens 90 Tage, bei Gesellschaft (B) sogar bis 150 Tage. Es zeigt sich, dass ein Mindestzahlungsziel von 20 Tagen vorhanden sein muss, um Factoring sinnvoll einsetzen zu können. Die Gründe dafür wurden bereits erläutert. Bei der maximalen Zahlungsfrist befinden sich die Daten in Einklang mit der Theorie.

Als schließlich letztes Feld in der Matrix wurde nach der minimalen und maximalen Debitorenanzahl gefragt. An dieser Stelle haben ebenfalls wieder nur Gesellschaft (A) sowie (C) einschränkende Angaben gemacht. Gesellschaft (A) sieht eine Debitorenanzahl von 15 als Voraussetzung und 10.000 Debitoren als maximale Grenze. Gesellschaft (C) hat kein Minimum definiert, sieht aber das Maximum bereits bei 500 Debitoren erreicht. Gründe hierfür wurden ebenfalls schon erläutert und nun auch klar beziffert. Ab 15 Debitoren scheint eine Factoringgesellschaft mit der Risikostreuung einverstanden zu sein.

Zum Abschluss des Fragebogens wurden die Factoringunternehmen aufgefordert anzugeben, ob sie bestimmte Branchenzweige generell vom Factoring ausschließen. Die Ergebnisse hierbei bestätigen die Theorie. So werden besonders das

Baugewerbe sowie die damit verbundenen Zweige, wie Anlagenbau, als nicht faktorabel angesehen. Gesellschaft (A) schließt außerdem das Gastronomiegewerbe sowie Vermietungen von Factoring aus. Noch mehr ins Detail geht Gesellschaft (D), bei der zusätzlich auch noch Projektgeschäfte, Architekturbüros, Gewerbe mit Provisionszahlungen sowie Privatkunden vom Factoring ausgeschlossen werden. Gesellschaft (E) stellt hier die Ausnahme dar, da sich das Factoringunternehmen, wie bereits erwähnt, auf „Dentalfactoring" spezialisiert hat und daher alle anderen Branchen ausschließt. Für Unternehmen aus den genannten Branchenzweigen kommt Factoring daher nicht als Finanzierungsbaustein im Zeichen der Finanzkrise in Betracht. Trotzdem kann es durchaus möglich sein, einen speziellen „Nischenfactor" zu finden, der unter Umständen bereit ist, auch mit Kunden aus den genannten Branchen eine spezielle Art des Factoring zu betreiben.

Nachfolgende Tabelle der bereits ausgewerteten und kommentierten Antworten dient als Zusammenfassung:

Wie hoch ist der Jahresumsatz Ihrer Factoringgesellschaft?

Gesellschaft	Umsatz in €
A	51-100 Mio.
B	>5 Mrd.
C	51-100 Mio.
D	101-500 Mio.
E	101-500 Mio.

Wie viele Factoringkunden verwaltet Ihre Gesellschaft?

Gesellschaft	Kundenanzahl
A	51-100
B	501-1000
C	20-50
D	101-500
E	Mehr als 1000

Wie viele Debitoren verwaltet Ihre Gesellschaft?

Gesellschaft	Debitoren gesamt	Debitoren/Kunde
A	30.000	100-500
B	1.500.000	2.000
C	3.559	80
D	53.000	320
E	600.000	250

Wie viele Delkrederefälle haben Sie in 2008 ausgezahlt und wie hoch war der Gesamtbetrag?

Gesellschaft	Anzahl Delkrederefälle	Gesamtbetrag	Durchschnittlicher Betrag
A	50	50.000 €	1.000 €
B	2.400	8.400.000 €	3.500 €
C	5	27.958 €	5.591 €
D	19	178.000 €	9.368 €
E	2.000	600.000 €	300 €

Welches Zahlungsziel räumen Ihre Kunden ihren Abnehmern ein (in Prozent):

Gesellschaft	<30 Tage	30-45	46-60	61-120	>120
A	20	70	10	-	-
B	52	19	18	10	1
C	15	80	5	-	-
D	k.A.	k.A.	k.A.	k.A.	k.A.
E	-	100 (30 Tage)	-	-	-
DURCHSCHNITT	22	68	8	2	<0,5

Wie schätzen Sie das Zahlungsverhalten Ihrer Debitoren ein (in Prozent)?

Gesellschaft	pünktlich	Nach 1. Mahnung	Nach 2. Mahnung	Nach 3. Mahnung
A	60	20	10	10
B	42	49	5	4
C	83	11	5	1
D	70	15	10	5
E	70	20	5	5
DURCHSCHNITT	65	23	7	5

Welche Art des Factoring betreiben Sie bei Ihren Kunden (in Prozent)?

Gesellschaft	Full-Service	Inhouse	Inhouse - still
A	100	-	-
B	60	40	75
C	100	-	-
D	100	-	-
E	100	-	-

(A) Wie lange dauert es durchschnittlich, vom Kundenerstkontakt bis zum Vertragsabschluss?

(B) Wie lange dauert es durchschnittlich, vom Vertragsabschluss bis zur ersten Kundenauszahlung?

Gesellschaft	(A) Tage	(B) Tage	Gesamt
A	45	5	50
B	45-90	10-30	55-120
C	30	14	44
D	45	45	90
E	40	40	80
DURCHSCHNITT	41-50	23-27	64-77

Was sind Ihrer Meinung nach Voraussetzungen/Grenzen für Ihr Factoring-produkt (wenn vorhanden)?

Gesell-schaft	Jahres-umsatz	Anzahl Rechnungen (Monat)	Höhe der Rechnung	Zahlungs-ziel (Tage)	Debitoren-anzahl
A	200.000/ 10.000.000 €	20/100.000	250/ 150.000 €	20/90	15/10.000
B	2.500.000/ keine	-	-	- /150	-
C	200.000/ 10.000.000 €	- /10.000	250/nicht definiert	-/90	- /500
D	250.000/-	-	-	- /90-120	-
E	k.A.	-	-		-

Tabelle 6: Quantitative Ergebnisse der Umfrage im Überblick[215]

4.6.4 Zusammenfassung der Ergebnisse

Die Ergebnisse der Umfrage haben die dargelegte Theorie weitestgehend bestätigt. Umsatzgröße und Kunden- sowie Debitorenanzahl variieren je nach Factoringinstitut. Ebenso zeigt sich insgesamt ein differenziertes Branchenbild. Nur ein Factor hat sich zu 100 Prozent auf die Dentalbranche spezialisiert. Bei den ausgeübten Factoringvarianten gibt es ein einheitliches Bild, da alle befragten Factoringunternehmen hauptsächlich Full-Service-Factoring anbieten. Lediglich eine Gesellschaft bietet zusätzlich Inhouse-Factoring an, das auch umsatzmäßig bei den Mitgliedern des deutschen Factoring-Verbandes e.V. dominiert.

Es ist aufgefallen, dass das eingeräumte Zahlungsziel an die Debitoren meist zwischen 30 und 45 Tagen beträgt und beim Zahlungsverhalten rund 65 Prozent pünktlich ihre Verbindlichkeiten begleichen. Dabei wird eindeutig sichtbar, dass diese Unternehmen von einer Bevorschussung der Forderungen profitieren. Feste und exakte Planbarkeit sowie Unabhängigkeit von dem tatsächlichen Zahlungseingang sind das positive Resultat.

Bei den angegebenen Daten zu Delkrederefällen haben sich deutliche Unterschiede gezeigt, und zwar sowohl in der durchschnittlichen Höhe der Forderungsausfälle als auch in Relation zum Debitorenstamm. Ein durchschnittlicher Forderungsausfall beträgt ca. 4000 Euro, dieser kommt aber gerade einmal bei durchschnittlich jedem 650. Debitor vor. Gründe hierfür können u.a. ein bereits bereinigter Debitorenstamm oder sehr vorsichtiges Risikomanagement des Factors sein.

---

[215] Eigene Darstellung der Antworten auf Fragen 1-14 (ohne Fragen 2, 6, 7, 14).

Im Zusammenhang von Vorbereitungs- und Implementierungsphase ist negativ aufgefallen, dass die Problematik bezüglich des Abtretungsverbotes immer noch sehr präsent ist und hier eine reibungslose Zusammenarbeit zwischen Factor und Kunde erschwert wird. Genauso fallen Einwände anderer Intermediäre ins Gewicht, die eine Abtretung der Forderungen gar nicht erst zulassen.

Weiterhin ist die Bonität ein zentrales Merkmal, das über eine Factoringfähigkeit entscheidet. Besonders in der Krise erweist sich dieses Merkmal als problematisch, da es u.a. auch erheblich den Kreditvergabeprozess der Banken beeinflusst und unter Umständen Kreditsicherheiten gefordert werden.[216] Auch beim Factoring spielt die Bonität somit eine Rolle, doch hier ist die der Abnehmer von weitaus höherer Bedeutung und es werden keine Sicherheiten verlangt. Bei der Implementierungsphase werden viele verschiedene Kritikpunkte genannt, die oftmals verwaltungstechnischen Gründen hinzuzurechnen sind. Aber auch äußere Einflüsse und veränderte Bonität können Probleme bereiten.

Zusätzlich erwähnenswert ist, dass bezüglich der „sofortigen" Einsatzbereitschaft von Factoring doch erhebliche Zeit verstreicht und diese auch sehr stark je nach Factoringinstitut variieren kann. Dies unterstreicht nochmal die Bedeutung von einer frühzeitigen Feststellung von erweitertem Liquiditätsbedarf beim Unternehmen und einem aktiven Handeln, um Liquidität zu sichern. Zudem sollten sich Unternehmen, die an Factoringlösungen interessiert sind, sich intensiv mit der Wahl des Factors auseinandersetzen. Denn ob eine Factoringlösung nach 1,5 Monaten oder 3 Monaten letztendlich umgesetzt werden kann, macht für das Unternehmen einen nicht unbedeutenden und möglicherweise sogar substanziellen Unterschied.

Positiv festzuhalten bleibt hingegen, dass auch kleinere Unternehmen mit einem Umsatz von 200.000 Euro in den Zielrahmen von Factoringlösungen passen, wie die Matrix gezeigt hat. So galt Factoring für Unternehmen mit Jahresumsätzen unter einer Million Euro als nicht wirtschaftlich.[217] Dies scheint nicht mehr der Fall zu sein. Daneben sind weitere Mindestanforderungen an das Unternehmen genannt worden, wie eine Mindestrechnungsanzahl von 20 Stück im Monat, einer minimalen Debitorenanzahl von 15 und einem Mindestzahlungsziel von 20 Tagen. Diese Daten setzen die eingrenzenden Rahmen nach unten hin fest und bieten den

---

[216] Vgl. Perridon, L./ Steiner, M./ Rathgeber, A. (2009), S. 426.
[217] Vgl. Schwarz, W. (2002), S. 59.

Unternehmen eine bessere Einordnung, ob sie selbst die Voraussetzungen für Factoring erfüllen können. Dies trifft ebenso auf die maximalen Begrenzungen zu.

Schließlich kann man erkennen, dass sich Factoringinstitute auf branchenspezifische „Nischen" spezialisiert haben, wie das Beispiel des „Dentalfactors" zeigt. Ansonsten haben sich die Ausführungen aus der theoretischen Darlegung bezüglich des Ausschlusses von Branchen bestätigt.

5 Fazit

Durch den Übergang der Finanzkrise auf die Realwirtschaft müssen mittelständische Unternehmen mit vielen unliebsamen Veränderungen rechnen. Als Ausweg aus der konjunkturellen Notlage wurde Factoring als ergänzendes Kreditsubstitut und Lösungsmittel untersucht. Das Ergebnis zeigt, dass die kurzfristigen Finanzierungsprobleme bei KMU zum Teil überwunden werden können: Die Bevorschussung der Forderungen macht je nach Höhe der Außenstände einen beachtlichen, prozentualen Anteil aus, der zur kurzfristigen Absatzfinanzierung ausreichend ist. Die Erhaltung der Liquidität kann gewährleistet werden.

Auch die weiteren Auswirkungen neben der Finanzierung scheinen sich als äußert hilfreich zu erweisen. Dabei ist festgestellt worden, dass generell mehr Autonomie erreicht werden kann: größere Unabhängigkeit vom (kurzfristigen) Kreditvergabeverhalten der Banken an sich und mehr Freiraum bei den Zahlungseingängen der Abnehmer. Es ist dabei für das Unternehmen nicht mehr von großer Bedeutung, ob längere Zahlungsziele eingeräumt werden müssen und wann die Zahlung der Abnehmer letztendlich eintrifft. Um das Risiko von Forderungsausfällen sogar noch weiter zu minimieren, kann auf die Delkrederefunktion des Factors zurückgegriffen werden. Dies ist in der derzeitigen Krisensituation von erheblicher Bedeutung, wie auch die Frage zur Höhe des durchschnittlichen Forderungsausfalls in der Umfrage gezeigt hat.

Zusätzlich ergeben sich weitere Effekte, die den Nutzen erhöhen. Einsparmöglichkeiten im Debitorenmanagement, aber auch die Anpassung der Kosten an den Umsatz sind an dieser Stelle zu nennen. Insgesamt beinhaltet das Instrument Factoring somit ein breites Leistungsspektrum, das aus mehreren Einzelfunktionen besteht. Dabei ist von besonderem Vorteil, dass nicht auf die regulären Finanzierungsschwierigkeiten gestoßen wird, da zur Bewertung der Kreditwürdigkeit Merkmale wie Eigenkapital und eine Hinterlegung von Sicherheiten nicht ausschlaggebend oder notwendig sind. Der Bonität der Abnehmer wird dagegen weitaus mehr Gewicht beigemessen. In welchem Umfang und Ausmaß die einzelnen Bewertungen abweichen, müsste allerdings anhand eines individuellen Vergleichs der beiden Finanzierungsformen untersucht werden. Durch eine sinnvolle Mittelverwendung werden zusätzlich Bilanzzahlen, wie die EK-Quote, verbessert. Daraus resultiert ein besseres Rating. Dieses trägt seinerseits wieder zu einer besseren Kreditwürdigkeit bei den Banken und somit zu besseren Kreditkonditionen bei.

Doch um all diese Vorteile nutzen zu können, müssen viele Kriterien erfüllt sein, wie z.B. die Abtretbarkeit von Forderungen. An diesen Hürden scheitern jedoch schon mehr als die Hälfte der Unternehmen. Ebenso hat die empirische Untersuchung gezeigt, dass es bereits in der Vorbereitungs- und Implementierungsphase zu diversen Problemen kommen kann, die die Wirkungsweise und die kurzfristige Einsatzbereitschaft erheblich beeinflussen. Hierbei ist vor allem erwähnenswert, dass der Wahl des Factors hohe Bedeutung zukommt, was die zeitliche Umsetzungsdauer betrifft. Die Umfrage unterstreicht dabei die Relevanz eines frühzeitigen Handels, wenn auf Factoring zurückgegriffen werden soll.

Um letztendlich sagen zu können, inwiefern Factoring als alternatives Finanzierungsinstrument geeignet ist, müssen die Kosten, die diese Finanzierungsform verursacht, zu Beginn einer Factoringzusammenarbeit untersucht werden. Daher ist eine individuelle Kosten-Nutzen-Analyse sinnvoll. Die Kosten werden dabei maßgeblich von den Voraussetzungen des Unternehmens, der Struktur der Forderungen und den Gegebenheiten von Abnehmern und Produkt beeinflusst. Neben den Kosten wird auch der Nutzen maßgeblich von den spezifischen Unternehmensdaten beeinflusst. So ist beispielsweise ein hoher Außenstand an Lieferantenverbindlichkeiten mit Skontierungsmöglichkeiten mitentscheidend für den Erfolg. Daher wird sich der Einsatz von Factoring bei Unternehmen mit extern verursachten Liquiditätsengpässen, hohen Außenständen und Abnehmern mit relativ guter Bonität als besonders wirksam erweisen. Zusätzlich lässt sich noch festhalten, dass Factoring auch kleineren, umsatzschwächeren Unternehmen eine ergänzende Finanzierungsalternative bieten kann, wie in der Umfrage belegt wurde.

Abschließend betrachtet, kann Factoring daher durchaus auch als ein alternatives Finanzierungsinstrument für mittelständische Unternehmen in der derzeitigen Krisensituation gesehen werden. Die Anwendbarkeit hängt allerdings von den dargestellten Auflagen und Kriterien ab, folglich steht Factoring nur einer begrenzten Zahl an Unternehmen zur Verfügung.

Literaturverzeichnis

Achsnick, Jan/Krüger, Stefan (2008): Factoring in der Krise und Insolvenz, Köln.

An der Heiden, Sigrun (2007): So flexibel kann kein Kredit sein, in: ProFirma - Das Magazin für Unternehmer, 12. Jg., Mai 2007, S. 44-46.

Bette, Klaus (2001): Factoring, Köln.

Bette, Klaus (2006): Juristische Rahmenbedingungen des Factoring, in: Hermann, Jürgen, Handbuch Factoring, Bonn, 2006, S. 52-58.

Bieg, Hartmut/Kußmaul, Heinz (2009): Finanzierung, München.

Brealey, Richard/Myers, Steward/Allen, Franklin (2008): Principles of Corporate Finance, New York.

Brink, Ulrich (1997): Rechtsbeziehungen des Factors mit seinem Kunden - Der Factoringvertrag, in: Hagenmüller, Karl/Sommer, Heinrich/Ulrich, Brink (Hrsg.), Handbuch des nationalen und internationalen Factoring, Frankfurt am Main, 1997, S. 175-211.

Broda, Björn (2003): Finanzierungsalternativen zum Bankkredit, in: Der Schweizer Treuhänder, 77. Jg., S. 467-468.

Brunotte, Jan (2009): Finanzierung in Zeiten drohender Kreditklemme, abgerufen am 8. Januar 2010 unter: http://www.business-wissen.de/unternehmensfinanzierung/finanzierungsalternativen-finanzierung-in-zeiten-drohender-kreditklemme/.

Bundesverband der deutschen Industrie e.V. (2009): BDI-Mittelstandspanel - Ergebnisse der Online-Mittelstandsbefragung Frühjahr 2009, abgerufen am 15. November 2009 unter: http://www.bdi-panel.emnid.de/pdf/BDI-Ergebnisse-Fruehjahr-2009.pdf.

Bundesverband Factoring für den Mittelstand (2010): Ablauf, abgerufen am 16. Januar 2010 unter: http://www.bundesverband-factoring.de/index.php?id=ablauf.

Bundesanstalt für Finanzdienstleistungsaufsicht (BaFin) (2009): Merkblatt - Hinweise zum Tatbestand des Factoring (§ 1 Abs. 1a Satz 2 Nr. 9 KWG), abgerufen am 5. Januar 2010 unter: http://www.bafin.de/cln_108/nn_722758/SharedDocs/Veroeffentlichungen/DE/Service/Merkblaetter/mb__090105__tatbestand__factoring.html#doc1397644bodyText3.

Creditreform (2006): Factoring für den Mittelstand, in: Creditreform, Juli 2006, Neuss.

Creditreform (2008): Kriselt es bei der Kreditvergabe?, in: Creditreform, Mai 2008, Neuss.

Creditreform (2009a): ZaC-Index - Zahlungserfahrungen Creditreform, abgerufen am 8. Januar 2010 unter: http://www.creditreform.de/Deutsch/Creditreform/Presse/ Creditreform_Wirtschaftsforschung/ZaC-Index/2009-05/2009-05-26_ZaC-Index_Fruehjahr_2009.pdf.

Creditreform (2009b): Wirtschaftslage und Finanzierung im Mittelstand, abgerufen am 15. November 2009 unter: http://www.creditreform.de/Deutsch/Creditreform/ Presse/Creditreform_Wirtschaftsforschung/Wirtschaftslage_und_Finanzierung_im_ Mittelstand/2009-10/2009-10-07_Wirtschaftslage_Mittelstand_DE.pdf.

Deutsche Bundesbank (2009): Basel II - Die neue Baseler Eigenkapitalvereinbarung, abgerufen am 12. Dezember 2009 unter: http://www.bundesbank.de/bankenaufsicht/bankenaufsicht_basel.php?print=yes&.

Deutscher Factoring-Verband e.V. (2009a): Factoring A-Z, abgerufen am 08. Januar 2010 unter: http://factoring.de/index.php/factoring/a-z/e.

Deutscher Factoring-Verband e.V. (2009b): Die am häufigsten genutzten Factoringarten, abgerufen am 08. Januar 2009 unter: http://www.factoring.de/ index.php/factoring/arten-des-factorings?9d2baab9b48e9c9e96cb0a11b97897e7= 08df65b605d1cb8a0cce25a730f07d47.

Deutscher Factoring-Verband e.V. (2009c): Ziele und Aufgaben, abgerufen am 23. Oktober 2009 unter: http://www.factoring.de/index.php/deustcher-factoring-verband-ev/ziele.

Deutscher Factoring-Verband e.V. (2009d): Jahresbericht 2008, abgerufen am 20. Dezember 2009 unter: http://www.factoring.de/images/stories/jb2008%20%20ii.pdf.

Deutscher Sparkassen- und Giroverband (2009): Diagnose Mittelstand - Stabilität für Deutschland - Sparkassen sichern Finanzierung des Mittelstandes, abgerufen am 12 Dezember 2009 unter: http://www.sparkassen-finanzgruppe.de/owx_ medien/media181/18128.pdf.

Dierig, Carsten (2008): Finanzkrise gefährdet den Mittelstand - Banken geben kleineren Unternehmen oft keine Kredite mehr, abgerufen am 16. Januar 2010 unter: http://www.welt.de/wams_print/article1852284/Finanzkrise_gefaehrdet_den_ Mittelstand.html.

Everling, Oliver (2002): Rating mittelständischer Unternehmen, in: Kolbeck, Christoph/Wimmer, Rudolf (Hrsg.), Finanzierung für den Mittelstand, Wiesbaden, 2002, S. 85-108.

Euler Hermes Kreditversicherungs-AG (2009a): Auf der sicheren Seite - Der richtige Schutz vor Forderungsausfall und seinen Folgen, in: Wirtschaft Konkret Nr. 105, Juni 2009, Hamburg.

Euler Hermes Kreditversicherungs-AG (2009b): Jeder dritte Insolvenzantrag durch Finanz- und Wirtschaftskrise bedingt, abgerufen am 08. Januar 2010 unter: http://www.eulerhermes.de/de/dokumente/presse-insolvenzursachen-20090624.pdf/presse-insolvenzursachen-20090624.pdf.

Fischl, Bernd (2006): Alternative Unternehmensfinanzierung für den deutschen Mittelstand, Wiesbaden.

Glebe, Dirk (2008): Die globale Finanzkrise, Norderstedt.

Goedeckemeyer, Karl-Heinz (2009): Im Griff der Finanzkrise, in: Schweizer Bank, 25. Jg. , S. 32.

Goeke, Manfred (2008): Der deutsche Mittelstand - Herzstück der deutschen Wirtschaft, in: Goeke, Manfred (Hrsg.), Praxisbuch Mittelstandsfinanzierung, Wiesbaden, 2008, S. 9-22.

Haghani, Sascha/Stoff, Ingo (2009): Liquiditätsfalle, in: Finance - Der Markt für Unternehmen und Finanzen, 10. Jg., S. 80.

Hölper, Sabine (2009): Offene Türen, in: ProFirma - Das Magazin für Unternehmer, 14. Jg., S. 42-45.

Institut für Mittelstandsforschung Bonn (2002): KMU-Definition des IfM Bonn, abgerufen am 19. Oktober 2009 unter: http://www.ifm-bonn.org/index.php?id=89.

Institut für Mittelstandsforschung Bonn (2009): Abbildung Schlüsselzahlen Deutschland, abgerufen am 13. Januar 2010 unter: http://www.ifm-bonn.org/index.php?id=540.

Jumpertz, Norbert (2009): Alternative zum Bankkredit, in: SteuerConsultant, 11. Jg., S. 40-42.

Kann, Günter/Linnemann, Carsten (2009): Mittelstandsfinanzierung nach der Krise, abgerufen am 10. Januar 2010 unter: http://www.ikb.de/content/de/branchen_und_maerkte/unternehmerthemen/alle/Mittelstandsfinanzierung_November_2009.pdf.

KfW Bankengruppe (2009): Unternehmensbefragung 2009, abgerufen am 15. November 2009 unter: http://www.kfw.de/DE_Home/Service/Download_Center/Allgemeine_Publikationen/Research/PDF-Dokumente_Unternehmens befragung/Ubef2009_22-05_internet.pdf.

Kleimaier, Nadja (2009): Grundsätzlich sind genug Mittel da, in: WirtschaftsKurier, 52. Jg., S. 12.

Lieven, Petra (2009): Lehman 9/15: Die größte Insolvenz aller Zeiten, in: Elschen, Rainer/Lieven, Theo (Hrsg.), Der Werdegang der Krise, Wiesbaden, 2009, S. 219-236.

Linnemann, Carsten (2007): Deutscher Mittelstand vom Aussterben bedroht?, in: Deutsche Bank Research, abgerufen am 27. Oktober 2009 unter: http://www.db.com/mittelstand/downloads/Mittelstandsstudie.pdf.

Mayer, Hans Volker (1997): Factoring als Finanzierungsinstrument, in: Hagenmüller, Karl/Sommer, Heinrich/Brink, Ulrich (Hrsg.), Handbuch des nationalen und internationalen Factoring, Frankfurt am Main, 1997, S. 103-116.

Mayer, Hans Volker (2007): Factoring - das Mittel zur Finanzierungsergänzung, in: Sparkasse - Die SparkassenZeitung, 124. Jg., S. 16.

Mevissen, Dorothea (2005): Mittelstandsfinanzierung mit Factoring und Asset Backed Securities, Saarbrücken, 2005.

Michel, Franz (2006): Forderungen finanzieren - weltweit, in: Hermann, Jürgen, Handbuch Factoring, Bonn, 2006, S. 91-94.

Moseschus, Alexander/Wessel, Magdalena/Schuck, Karsten (2009): Das Factoringgeschäft nach der Unternehmenssteuerreform 2008, in: FLF - Finanzierung, Leasing, Factoring, 56. Jg., S. 109-118.

Müller, Stefan/Brackschulze, Kai/Mayer-Fiedrich, Matija/Ordermann, Tammo (2006): Finanzierung mittelständischer Unternehmen - Selbstrating, Risikocontrolling, Finanzierungsalternativen, München.

o.V. (2008): Mittelstand fürchtet wegen Finanzkrise um Kredite, in: Finanz Betrieb - Zeitschrift für Unternehmensfinanzierung und Finanzmanagement, 10. Jg., S. 29.

o.V. (2009a): Zahlungsmoral der Wirtschaft sinkt, abgerufen am 10. Januar 2010 unter: http://www.handelsblatt.com/zahlungsmoral-der-wirtschaft-sinkt;2319618.

o.V. (2009b): Die Zinsschranke wird gesenkt, abgerufen am 08. Januar 2010 unter: http://www.bdp-aktuell.de/53/zinsschranke.htm.

o.V. (2009c): Zahlungsausfälle steigen dramatisch an, in: WirtschaftsKurier, 52. Jg., S. 16.

Oehler, Andreas/Kohlert, Daniel/Linn, Alexander (2009): Auswirkungen der internationalen Finanzsystemkrise auf KMU, in: Wirtschaftswissenschaftliches Studium (WiSt), 38. Jg., S. 380-383.

Ohoven, Mario (2009): Der Mittelstand steckt in einer akuten Kreditklemme, in: bank und markt, 38. Jg., S. 18.

Olbert, Siegbert (1997): Allgemeine Bedingungen der Factoringfinanzierung, in: Hagenmüller, Karl/Sommer, Heinrich/Brink, Ulrich (Hrsg.), Handbuch des nationalen und internationalen Factoring, Frankfurt am Main, 1997, S. 77-83.

Perridon, Louis/Steiner, Manfred/Rathgeber, Andreas (2009): Finanzwirtschaft der Unternehmung, München.

Ramthun, Christian/Fischer, Malte/Schnitzler, Lothar (2009): Kreditklemme verschärft sich, abgerufen am 10. Januar 2010 unter: http://www.wiwo.de/politik-weltwirtschaft/kreditklemme-verschaerft-sich-immer-weiter-401895/.

Reichling, Peter/Beinert, Claudia/Henne, Antje (2005): Praxishandbuch Finanzierung, Wiesbaden.

Rois, Christian (2006): Prophylaxe von Unternehmenskrisen, Saarbrücken.

Schwarz, Werner (2002): Factoring, Stuttgart.

Selzer, Christoph/ Stiegler, Ilka (2009): Risiken beim Factoring, in: IT-Business, ohne Jg., S. 42-45.

Simmert, Diethard (2009): Finanzmarktkrise und KMU - Maßnahmen zur Stärkung der Eigenkapitalbasis, in: Arbeitskreis Mittelstand - Friedrich-Ebert-Stiftung, abgerufen am 28. Oktober 2009 unter: http://www.fes.de/wiso/pdf/mittelstand/2009/ 150609/vortrag_simmert.pdf.

Smidrkal, Roman (2005): Basel II und der Mittelstand, Saarbrücken.

Stark, Jürgen (2002): Neue Trends in der Unternehmensfinanzierung, in: Kolbeck, Christoph/ Wimmer, Rudolf (Hrsg.), Finanzierung für den Mittelstand, Wiesbaden, 2002, S. 35-45.

Statistisches Bundesamt Deutschland (2003): Kleine und mittlere Unternehmen (KMU), abgerufen am 19. Oktober 2009 unter: http://www.destatis.de/jetspeed/ portal/cms/Sites/destatis/Internet/DE/Content/Statistiken/UnternehmenGewerbeIns olvenzen/KMUMittelstand/Aktuell.psml.

Stiegler, Ilka (2009): Das Siegerteam der Finanzierung, in: WirtschaftsKurier, Jg. , S. 15.

Terliesner, Stefan (2009): Wo Banken den Kredithahn zudrehen, kann Mezzanine eine Alternative sein, in: VDI Nachrichten, 88. Jg., S. 19.

Thiermeier, Markus/Greulich, Daniel/Schmeisser, Wilhelm (2004): Factoring: Eine Finanzierungsalternative, in: Schmeisser, Wilhelm/Bretz, Michael/Keßler, Jürgen/ Krimphove, Dieter (Hrsg.), Handbuch Krisen- und Insolvenzmanagement, Stuttgart, 2004, S. 339-387.

Torner, Klaus (2009): Factoring als Kriseninstrument, in: WirtschaftsKurier, 52. Jg., S. 18.

Vitzthum, Stephan (2008): Bedeutung und Auswirkung des Ratings für die Mittelstandsfinanzierung, in: Goeke, Manfred (Hrsg.), Praxishandbuch Mittelstandsfinanzierung, Wiesbaden, 2008, S. 49-63.

Wassermann, Heinrich (2009): Factoring in Deutschland 2008: 125,86 Milliarden Marktvolumen erreicht, in: FLF - Finanzierung Leasing Factoring, 56. Jg., S. 181-185.

Weiser, Christoph (2008): Zinsschranke, abgerufen am 05. Januar 2010 unter: http://www.bundesfinanzministerium.de/nn_92/DE/BMF__Startseite/Aktuelles/BMF__Schreiben/Veroffentlichungen__zu__Steuerarten/koerperschaftsteuer__umwandlungsteuerrecht/052__a__zinsschranke,templateId=raw,property=publicationFile.pdf.

Werner, Horst (2006): Eigenkapitalfinanzierung, Köln.

Wieland, Horst (2009a): Factoring erlebt Boom, in: WirtschaftsKurier, 52. Jg., S. 18.

Wieland, Horst (2009b): Kunden halten - und flüssig bleiben, in: Sparkasse - Die SparkassenZeitung, 126. Jg., S. 26.

Wöhe, Günter/Döring, Ulrich (2008): Einführung in die Allgemeine Betriebswirtschaftslehre, München.

Wolf, Birgit (2003): Charakteristika und praktische Relevanz strukturierter Finanzierungen, in: Wolf, Birgit/Hill, Mark/Pfaue, Michael, Strukturierte Finanzierungen, Stuttgart, 2003, S. 5-6.

Zink, Helmut (2002): Quantifizierung des Risikos von Finanzmarktkrisen im Kreditrisikomanagement von Banken, in: Oehler, Andreas (Hrsg.), Kreditrisikomanagement, Stuttgart, 2002, S. 59-88.

Rechtsprechungsverzeichnis

Bürgerliches Gesetzbuch (BGB) in der Fassung der Bekanntmachung vom 18.08.1896, RGBl. S. 195; neugefasst durch die Bekanntmachung vom 02.01.2002, BGBl. I S. 42, S. 2909; 2003 I S. 738; zuletzt geändert am 28.09.2009, BGBl. I S. 3161.

Gewerbesteuergesetzbuch (GewStG) in der Fassung der Bekanntmachung vom 01.12.1936, RGBl. S. 979; neugefasst durch die Bekanntmachung vom 15.10.2002, BGBl. I S. 4167; zuletzt geändert am 22.09.2009; BGBl. I S. 3950.

Handelsgesetzbuch (HGB) in der Fassung der Bekanntmachung vom 10.05.1897, RGBl. S. 219; zuletzt geändert am 31.07.2009, BGBl. I S. 2512, 2519.

Kreditwesengesetz (KWG) in der Fassung der Bekanntmachung vom 10.07.1961, BGBl. I S. 881; neugefasst durch die Bekanntmachung vom 09.09.1998, BGBl. I S. 2776; zuletzt geändert am 30.07.2009, BGBl. I S. 2437, 2440 f.